KB275631

선생님도 모르는 지리 이야기

국립중앙도서관 출판시도서목록(CIP)

선생님도 모르는 지리 이야기 / 세계박학클럽 지음 ; 윤명현 옮김.
-- 개정판. -- 서울 : 글담, 2005
    p. ; cm

표지잡정보: 중고생이 알아야 할 지리지식 90가지
ISBN 89-86019-80-9 03900 : ₩11800

980-KDC4   CIP2005001301

선생님도 모르는 지리 이야기

선생님도 모르는 지리 이야기에는 '지리 공부에 꼭 필요하지만 지리 시간에는 배우지 않는' 재미있는 지리 이야기가 가득하다.
지리 성적도 올리고 논술 실력도 기를 수 있는 재미있는 지리 여행을 떠나보자.

세계박학클럽 지음 / 윤명현 옮김

책의 구성과 특징

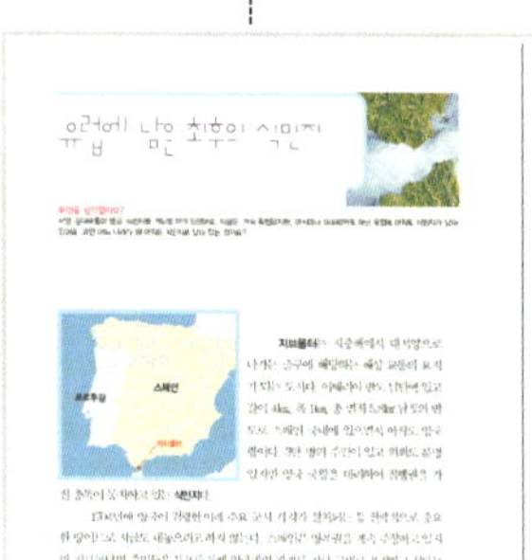

본문 :
모두 90가지 주제의 지리 이야기가 수록되어 있습니다. 본문은 지도, 본문 내용, 용어 정리, 지리 속으로 점프, 포토 갤러리, 무엇을 생각할까요?로 구성되어 있습니다.

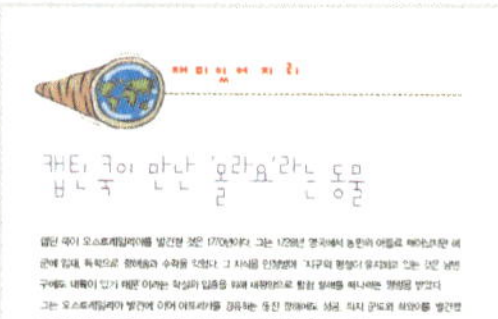

재미있어지리 :
각 장 끝에는 모두 14가지의 재미있는 지리 이야기가 펼쳐집니다. 지리를 어려워하는 청소년들에게 지리에 대한 새로운 호기심과 재미를 일깨워 줄 수 있습니다.

함께 생각해볼 문제 :
함께 생각해 볼 지리 관련 논술 문제가 수록되어 있습니다. 최근 서술형 · 논술형 문제 비중이 높아짐에 따라 글을 읽고, 이해하고, 쓰는 능력은 성적 향상을 위해 꼭 갖춰야 할 기본 능력이 되었습니다. 이 코너를 통해 앞에서 읽은 내용을 점검하고, 이를 자신만의 지식으로 습득하여 표현하는 능력을 기를 수 있습니다.

본문 구성

지리 속으로 점프! :
지리 공부를 위해 꼭 알아야 할 지리 지식을 심층적으로 다루고 있어요.
논술에 자주 등장하는 지구 온난화 문제, 물 부족 문제 등도 이 코너에 등장해요.
교과목 논술에 꼭 필요한 지리 관련 지식이 담겨 있어 논술 준비에도 아주 좋아요.

용어 정리 :
내용 이해를 돕기 위해 자세한 용어 해설을 달아두었어요.
어려운 어휘는 본문에 따로 설명이 달려 있어요.

무엇을 생각할까요? :
무엇을 생각하며 내용을 읽으면 좋을지 독서 목표를 제시하는 코너예요.
글의 주제를 파악하는 데 도움이 되고 글의 주제를 잡는 훈련도 저절로 돼요.

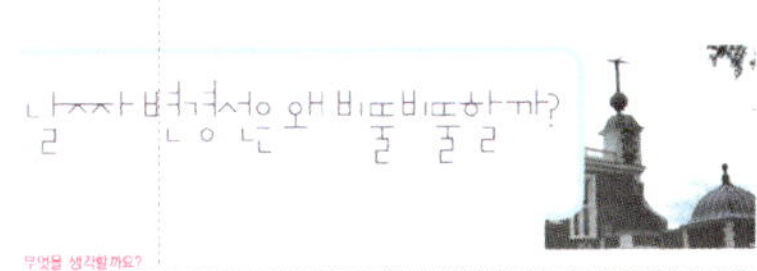

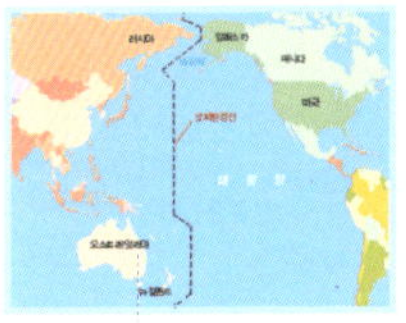

지도 자료 :
본문 내용을 이해하는 데 꼭 필요한 83컷의 지도 자료가 첨부되어 있어요. 지도를 보면서 책을 읽으면 이해도도 높아지고 책도 더 재미있게 읽을 수 있어요.

포토 갤러리 :
본문 내용과 관련된 300여 컷의 실사 사진이 수록되어 있어요.
관련 사진을 보면서 내용을 읽으면 이해도가 훨씬 높아지고
내용을 기억하는 데도 큰 도움이 돼요.

차례 c o n t e n t s

세계의 자연과 기후

울퉁불퉁한 지형 이야기

끊임없이 변하는 세계

지도로 배우는 지리

알쏭달쏭 궁금한 세계

세계 각지의 문화 이야기

재미있는 지명 이야기

이 세계의 자연과 기후

호수에 사는 바다표범이야기

무엇을 생각할까요?
바다표범이 호수에 살고 있다네요. 게다가 담수호에 산다는군요. 바다표범은 말 그대로 바다에 살아야 할 텐데 어떻게 담수호에서 살 수 있는 걸까요?

러시아 최대의 **담수호**인 **바이칼호**는 면적이 세계 제7위 규모이면서 세계에서 제일 깊고 투명도도 40m를 넘는 아름다운 호수다. 시베리아의 대지를 기름지게 하는 예니세이강을 비롯해 337개의 하천이 흘러 들어 호수를 이루고 있는데 하천에 얽힌 수많은 민화가 남아 있을 정도로 러시아인들에게 친숙한 호수다.

바이칼호는 민속학적으로도 재미있는 이야기가 많지만 생물학적으로도 세계 사람들의 흥미를 끈다. 이곳에 살고 있는 동물들의 특이한 점이 다윈의 진화론을 증명하고 있기 때문이다.

대표적인 것이 바이칼호에 사는 바다표범. 바다표범은 원래 바다에 사는 동물인데 신기하게도 담수호인 바이칼호에서 살고 있다. 일부 생물학자들은 바이칼 바다표범이 북극해로 흐르는 예니세이강을 거슬러 헤엄쳐 이곳 바이칼호에 온 것이 아닐까 추측했지만 그 추측은 절대 사실이 아니다.

바이칼호의 호수 바닥에서는 **빙하기**의 지형이 발견되었는데 이를 근거로 볼 때,

빙하기 때 북극해의 해수가 예니세이강으로 역류되었음을 알 수 있다. 즉, 빙하기에 이루어진 해수 역류 때 함께 떠밀려 온 바다표범이 빙하기가 끝난 후에도 그대로 바이칼호에 남았고 이후 호수가 담수가 되었어도 그대로 적응하며 살고 있다는 것이다. 세계 생물학자들이 이곳을 주목하는 것도 바로 이런 이유 때문이다.

바이칼호에 사는 바다표범은 바이칼 와몬 바다표범이 가장 대표적이다. 바이칼 와몬 바다표범은 몸무게가 500kg 정도로 바다에 사는 바다표범에 비해 아주 작다. 바다보다 먹이가 풍부하지 못한 호수에서 살아가려면 몸집도 작아질 수밖에 없었을 것이다. 즉 환경에 적응하는 생물만이 살아 남는다는 진화의 법칙에 맞는다고 할 수 있다.

담수호 담수호는 소금(염분)의 함유량이 1ℓ 중 500㎎ 이하인 호수를 말해요. 쉽게 얘기하자면 물맛이 싱거운 호수라고 할 수 있죠. 그렇다면 500㎎ 이상인 호수는 어떻게 부를까요? 아주 쉬워요. '염호'라고 부르죠. 말 그대로 소금 호수예요. 이 염호는 대부분 대륙 내부에 있는 경우가 많은데 기후가 건조하면 물이 자꾸 증발해서 소금 농도가 점점 진해져 염호가 되는 거예요.

바이칼호 바이칼호는 러시아 동시베리아 남부에 있는 담수호예요. 깊이가 1,742m로 세계에서 가장 깊은 호수랍니다. 아주 맑은 호수로 한때는 40m 깊이까지 들여다보였지만 최근에는 시베리아가 개발되면서 오염이 심해졌다고 해요.

빙하기 빙기라고도 하며, 빙하 시대 중에서도 특히 추워서 온대 지방까지 빙하가 덮인 시기를 빙하기라 해요. 빙하기와 빙하기 사이에는 따뜻한 기후를 보이는데 이 시기는 간빙기라고 불러요.

| 대표적인 염호인 그레이트 솔트호 | 위성에서 찍은 바이칼호 | 바이칼호 |

하와이의 빅웨이브는 남극에서 온다

얼음 나라 남극에서 태양의 섬 하와이로 보내는 선물이 있다고 하네요. 도대체 무얼까요? 그건 바로 '빅웨이브'로 불리는 파도랍니다. 남극에서 보낸 파도가 어떻게 지구 반대편의 하와이까지 밀려와 사람들이 파도 타기를 할 수 있는 걸까요?

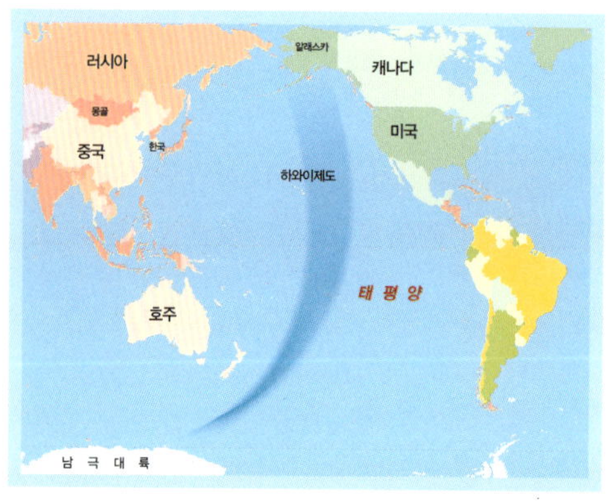

크게 원을 그리는 파도 아래에서 서핑 보드를 타는 갈색 피부의 젊은이. 이것은 하와이의 관광 포스터에 있는 사진인데 이렇게 큰 파도는 하와이에서 흔히 볼 수 있는 광경이다.

하와이를 서핑 파도를 이용해 판자를 타고 파도 속을 빠져 나가는 스포츠 의 중심지로 만든 것이 빅웨이브 높고 큰 파도. 빅웨이브는 10~20초 주기로 와이키키 해변을 향해 밀려든다.

서핑은 옛날부터 현지인들의 놀이였는데 얼마나 인기였는지 1788년에 하와이를 탐험한 **캡틴 쿡**이 이에 대한 기록을 남겼을 정도다.

그렇다면 하와이의 빅웨이브는 어떻게 생겨나는 것일까? 지구의 바다는 하나로 연결되어 있다. 태평양 반대 연안에서 일어난 지진이 일본 연안에 **해일**을 일으키듯이 와이키키 해변에 큰 파도를 일으키는 원인도 어딘가에 있을 것이다.

그것을 관측한 곳이 미국의 스크립스 해양 연구소다. 이 연구소에서는 태평양 상의 5군데와 호놀룰루에 파고계 파랑계라고도 하며 파도의 높이나 주기를 측정하는 계기 를 설치해 동시 관측

을 실시한다. 그 수치를 파도의 역할에 기초해 계산하면 파도의 발생 장소와 시간을 밝
힐 수 있다.

그 결과, 와이키키에 밀려드는 빅웨이브를 만드는 것은 남극 대륙 주변 해역에
거칠게 몰아치는 강풍이라는 것이 밝혀졌다.

남위 40~50도 부근의 '포효하는 40도', '투쟁하는 50도'라고 불리는 해역에서
발생한 파도가 아득히 먼 적도를 넘어 하와이의 빅웨이브를 만들고 다시 알래스카까
지, 지구의 반 바퀴를 돌아 전달되는 것이다.

캡틴 쿡 캡틴 쿡은 영국 탐험가예요. 수많은 모험을 하면서 이름도 위치도 정확하지 않았던 태평양의 많은 섬들의 위치와 명칭을 정
해 주었어요. 샌드위치 제도라 불렸던 하와이를 발견한 것도 바로 쿡선장이에요. 하지만 이곳의 원주민과 다툼이 일어 그들의 돌창에
목숨을 잃은 불행한 일을 겪었죠.

지리 속으로 점프！

해일 폭풍이나 지진, 화산 폭발 등으로 갑자기 큰 물결이 해안을 덮치는 것을 해일이라고 한다. 폭풍 때문에 발생하는 것을 폭풍
해일, 지진, 화산 폭발로 일어나는 것을 지진해일(쓰나미)라고 한다. 주로 지진이 일어나는 지역에서 해일이 많이 일어난다. 거대한
해일은 수만 명의 목숨을 앗아가며, 막대한 재산 피해를 입히기도 한다.

캡틴 쿡

하와이 빅웨이브를 이용해 서핑 하는 사람들

특이한 성분을 가진 세계의 호수들

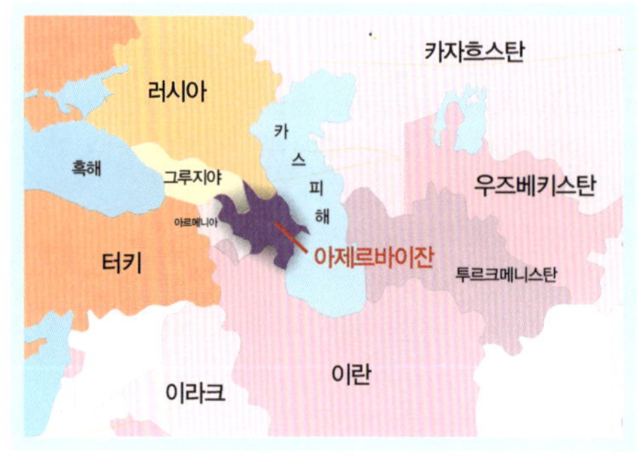

무엇을 생각할까요?

호수가 아스팔트처럼 된 곳이 있어요. 호수에 가스가 차서 폭발한 곳도 있고요. 호수가 이렇게 변해 버린 이유가 뭘까요?

사해(死海)가 아라비아 반도의 내륙에 있으면서도 진한 염분을 지닌 호수인 것처럼, 전 세계에는 지형, 지질, 또는 탄생 배경으로 인해 특이한 성분을 갖고 있는 호수가 많다.

러시아의 우랄 지방에는 비누 없이도 때가 벗겨지는 호수가 있는데 이것은 소다 성분을 많이 함유하고 있기 때문이다. 게다가 그 물은 단맛이 난다고 한다. 호숫가나 호수 바닥에 있는 암염층_{바위 사이에 천연으로 나는 소금}에서 소다 성분이 녹아 나오기 때문이다.

또, 카스피해 연안의 **아제르바이잔**이나 카리브해의 **소앤틸리스 제도**에는 아스팔트 호수가 있다. 지하에서 솟아오른 석유가 농축되어 아스팔트층을 만들며 쌓인 것이다.

한편, 알제리에는 잉크 상태의 액체처럼 된 호수가 있다고 한다. 호수로 유입되는 강물의 한 줄기는 철분을 포함하고 있고 또 한 줄기는 식물이 부패한 물질을 포함하고 있어 두 가지가 반응해 잉크 같은 액체를 만든다는 것.

　　아스팔트는 자원으로 이용할 수 있고 잉크도 특별히 해가 된다고 할 수 없지만 그 중에는 문제가 되는 호수도 있다.

　　아프리카 카메룬에 있는 니오스 호수는 1986년 호수에서 가스가 폭발해 2천여 명의 주민들이 목숨을 잃고 수많은 가축이 죽는 엄청난 사고가 일어났다. 카메룬에서는 1984년에도 같은 성격의 사고가 모나운 호수에서 일어나 37명의 사람들이 희생되기도 했다. 그야말로 사람 죽이는 살인 호수인 셈이다.

　　호수에서 가스가 폭발하는 모습에 대해 '마치 중성자 폭탄이라도 떨어진 것 같다' 라는 말까지 있었다. 폭발 원인은 호수 바닥의 지하 깊은 곳에서 나온 화산성의 이산화탄소에 의한 것으로 알려졌다. 이 이산화탄소가 보통은 호수 물에 녹아드는데 한계에 이르자 심한 가스가 되어 흘러 나왔기 때문이다.

하늘에서 내려다본 소앤틸리스 제도

소앤틸리스 제도에 있는 도미니카의 전통 무용

카메룬의 니오스 호수

유럽에 내리는 컬러비

비에도 색깔이 있어요. 노란색, 빨간색 등 다양한 컬러비가 있어요. 이런 컬러비는 어떻게 만들어진 걸까요?

중국에서 **황사**가 부는 것처럼 유럽에서도 이와 비슷한 이유 때문에 색깔 있는 비가 내린다. 모두 대기의 흐름 때문이다.

파리에서는 빨간 눈이 내린다고 말하는데 이렇게 눈이 빨갛게 되는 것은 **사하라 사막**의 모래 때문이다. 사하라에서 부는 바람이 모래를 일으켜 구름을 타고 북으로 흘러가고 대기가 차가워지면 비나 눈이 되어 함께 땅으로 떨어지는 것이다.

파리뿐 아니라 그리스, 이탈리아, 독일 등에도 빨간 비나 눈이 내리는 경우가 있고 멀리 스웨덴에서도 가끔 관측된다.

이렇게 기류를 타고 사하라에서 유럽으로 날아온 모래 먼지는 매년 100만 톤이나 된다. 그렇게 많이 날아 가도 사하라의 모래가 없어지지 않는 것은 뜨겁고 마른 바람이 토지를 풍화 지표의 암석이 공기 물 등의 작용으로 부서지는 현상 시켜 계속해서 사막을 만들기 때문이다.

이 모래 외에도 색깔 있는 비의 원인이 되는 것은 여러 가지가 있다. 예를 들면, 아르메니아에 내리는 노란 눈은 아프리카 사막에서 날아 온 노란 모래가 원인이다.

어느 건조 지대에서 모래 먼지가 날아 오는가에 따라 때로는 장밋빛이 되기도 하고 노란색에 이어 빨간색이 되기도 한다. 변덕스런 대기의 흐름은 형형색색으로 유럽을 물들인다.

색깔 있는 비의 원인이 모래 먼지만이라고 할 수는 없다. 우랄 지방에 종종 보이는 노란 비는 소나무의 꽃가루 때문이며, 나비의 배설물처럼 보이는 것이 섞인 새빨간 비, 식물의 꽃가루가 물에 녹아 파란색으로 변색된 비 등 지구의 상공에는 여러 가지 물질들이 바람에 실려 떠다니며 색깔 있는 비와 눈을 만든다.

사하라 사막 사하라 사막은 아프리카에 있는 세계에서 가장 큰 사막이에요. 건조도도 가장 높죠. 면적이 약 860만㎢예요.

지리 속으로 점프 !

황사 황사는 중국이나 몽골 등 아시아 대륙의 중심부에 있는 사막과 황토 지대 등의 건조 지대에서 생긴다. 이곳에서 발생한 작은 모래나 황토, 먼지가 하늘을 떠다니다가 바람을 타고 멀리까지 날아가 중국은 물론, 한국과 일본, 멀게는 하와이와 미국에까지 영향을 미친다.

이러한 황사의 문제점은 사람들에게 호흡기 질환, 눈 질환, 알레르기 등 각종 질환을 일으킨다는 것이다. 황사에 포함된 미세 입자들이 대기 중에서 화학반응을 일으켜 각종 산화물을 만들기 때문에, 흡연자들의 만성기관지염을 악화시키고, 노인과 아기의 호흡기 질환을 일으킨다. 심하면 밖에서 활동하기가 어려울 때도 있다. 또 황사를 타고 동물들의 전염병 같은 것이 함께 날아 오기도 해 특히 조심해야 한다.

하지만 황사가 반드시 나쁘기만 한 것은 아니다. 황사 안에는 마그네슘 · 규소 · 알루미늄 · 철 · 칼륨 · 칼슘 같은 산화물도 포함되어 있어 땅을 기름지게 만들어주는 역할도 하기 때문이다.

낙타를 타고 사하라 사막을 건너는 사람들

중국 본토를 강타한 황사

사하라 사막

세계에서 가장 더운 곳은 어디일까?

무엇을 생각할까요?
기온이 섭씨 70도까지 올라간 지역이 있어요. 강물이 순식간에 말라 버리고 물고기들도 갑자기 죽어 버렸어요. 이렇게 더운 곳은 어디일까요?

지금까지의 기록으로 보면 세계 최고 기온을 기록한 곳은 이라크 동남부 페르시아 만 근처의 **바스라**라는 지역으로 **섭씨** 58.8도였다고 한다. 그 뒤를 이어 기온이 섭씨 50도를 넘었던 도시는 리비아의 지중해 근처 지방과 미국의 캘리포니아로 모두 북위 30도 이상에 위치한다.

그런데 공식적인 기록은 아니지만 더 높은 기온을 기록했다고 알려진 장소가 있다. 이곳은 바로 포르투갈이다. 프이그엘리라리라는 포르투갈 중부 연안 지방에서 기록된 기온은 섭씨 70도. 그 기온은 단 몇 분 동안 지속되었는데 닭이 쓰러지고 강의 물고기가 하얀 배를 보이고 떠올랐으며 길 위에 쓰러지는 사람이 잇달아 발생했다고 한다.

이 맹렬한 열기는 일시적인 현상이기는 했지만 통과하듯이 다음 마을로 이어졌다. 강이 눈 깜짝할 사이에 말라 버렸고 강바닥에는 죽은 물고기가 뒹굴뒹굴 굴러다녔다고 한다.

원인은 지금까지 밝혀지지 않고 있는데 어디선가 원자폭탄 ^{원자핵이 분열할 때 생기는 에너지를 이용한 폭탄} 실험이 있었던 게 아닐까 하고 추측하는 학자도 있다. 하지만 그런 사실은 밝혀지지 않았고, 단지 이 무렵 자주 일어나던 이상기온 때문이 아닐까 하고 짐작할 수 있다.

바스라 바스라는 이라크의 남쪽에 있는 도시예요. 이라크의 주요 무역항이죠. 지금은 유전이 발견되어 공업 도시와 항구 도시로 발전했어요. 하지만 이란–이라크 전쟁, 걸프 전쟁에서 피해를 입기도 했어요.

섭씨, 화씨 섭씨는 물의 끓는 점을 100도로, 물의 어는 점을 0도로 정하여 그 사이를 100 등분한 것으로 단위는 ℃를 사용해요. 스웨덴의 셀시우스가 만들었어요. 화씨는 물의 어는 점을 32도, 끓는 점을 212도로 정하고 이를 180 등분한 눈금이에요. 단위는 ℉예요. 섭씨를 화씨로 바꾸려면 1.8배를 곱한 다음 32를 더해 주면 돼요. 그러니까 섭씨 10℃는 화씨 50℉로 나타낼 수 있어요.

스웨덴의 천문학자 셀시우스   바스라 지역의 어린이들

 떠돌아다니는 호수의 불가사의

무엇을 생각할까요?

거대한 중국 대륙 내부에 나타났다 사라졌다 하는 떠도는 호수가 있어요. 호수의 비밀은 중국 사람이 아닌 러시아와 스웨덴 탐험가들이 밝혔어요. 중국 옛날 문서에 '소금의 호수'로 기록되어 있는 이 호수의 정체는 과연 무엇일까요?

중국 역사가인 사마천이 쓴 《사기·흉노열전》에 보면 '로랑'이라는 환상의 도시 이야기가 나온다. 로랑은 성곽으로 둘러싸인 도시로 장안에서 5천 리, '소금의 호수' 근처에 있다고 기록되어 있다. 또 《한서》에도 '포창해'라는 이름으로 기록된 호수가 나온다.

이들은 모두 '떠도는 호수'라고 불리는 **'로프노르 호수'**를 가리킨다. 이 로프노르 호수는 역사서에 기록되어 있으니 확실히 존재했을 테지만 위치를 찾을 수 없어 수수께끼인 채로 남아 있었다.

그런데 1876년 러시아의 탐험가 프르제발스키가 로프노르 호수를 발견했다고 주장해 화제가 되었다. 이에 대해 독일의 탐험가 리히트호펜은 타림 분지의 위치가 틀리다는 등의 이유를 들어 프르제발스키가 지적한 호수가 《한서》에 기록되어 있는 소금의 호수가 아니라고 반론했다. 원래 로프노르 호수는 호수로 흘러드는 타림 강이 그 흐름을 바꿀 때마다 나타났다가 사라지기도 하고 장소를 옮기기도 하는 것 같다고 알려져 왔는데 실제로 어디에 있는지는 아무도 확인하지 못했기 때문에 논쟁은 뜨거웠다.

이 '환상의 호수 논쟁'은 프르제발스키, 리히트호펜 두 사람의 제자에게로 이어져 몇 십 년이나 계속되었다.

1900년, 리히트호펜의 제자 **스벤 헤딘**이 타클라마칸 사막 타림분지에 있는 사막 을 탐험했을 때 로프노르 호수의 바닥이라고 여겨지는 '소금이 마른 흔적'을 발견했다. 그곳은 스승이 지적한 장소와는 달랐지만 근처에서 옛 도시 로랑의 흔적도 발견했다.

헤딘은 로랑에서 발굴된 사료를 연구한 끝에 로프노르 호수의 이동은 몇 년의 주기가 있으므로 다시 소금이 있는 장소로 호수가 되돌아오리라고 예측했다. 그리고 1928년 한 상인에게서 물이 되돌아왔다는 소식을 들었다.

현재의 로프노르 호수는 타림 분지의 북단, 헤딘이 발견한 타림 강이 끝나는 곳에 그 모습을 드러내어 로랑의 유적과 함께 중국 옛 문서의 정확함을 증명하고 있다.

로프노르 호수 로프노르 호수는 중국에 있는 호수예요. 로프노르는 몽골어로 '많은 강물이 흘러드는 호수'라는 의미를 갖고 있죠. 스벤 헤딘이 이 호수를 탐험하면서 호수로 흘러드는 타림강의 물줄기가 바뀌면서 호수의 위치와 모양도 바뀌었다는 것을 밝혀내 '떠도는 호수' 설이 대두되었어요. 옛날에는 아주 큰 호수였는데 이런 저런 이유로 1964년에 완전히 말라 버려 지금은 사막으로 변했다고 해요. 중국은 이곳에 핵 연구시설을 건설했다고 하네요.

스벤 헤딘 스벤 헤딘은 스웨덴의 탐험가예요. 주로 중앙아시아 지역을 많이 탐험했어요. 그는 모두 75권의 여행기를 발간했어요. 로프노르 호수의 비밀을 풀어내고 그 부근에서 고대 도시 로랑의 유적을 발견하기도 했어요.

로프노르 호수 바닥으로 추정되는 소금 흔적

탐험 중의 스벤 헤딘

타클라마칸 사막을 건너는 스벤 헤딘과 탐험대

세계는 과거에 하나의 대륙이었다

예전엔 아메리카 대륙, 아프리카 대륙, 유럽, 아시아 등이 모두 하나의 큰 땅이었다고 해요. 그것이 점점 간격이 벌어져 오늘날의 모습을 갖추게 되었다는 이야기지요. 땅이 어떻게 벌어질 수 있을까요?

대륙이동설을 최초로 주장한 독일의 지구물리학자 **알프레드 베게너**는 지도의 육지 부분을 퍼즐처럼 맞춰 보고 과거에 세계는 하나의 대륙이 아니었을까 하는 생각을 했다.

연구를 거듭한 베게너는 유럽과 북아메리카의 식물 화석이 비슷하다는 점을 들어 대륙이 옛날에는 하나였다고 설명했지만 당시에는 아무도 그의 이야기를 들어주지 않았다.

이후 베게너는 그린란드를 탐험하며 빙하가 갈라져서 작은 빙산이 되어 표류하는 것을 보고 과거엔 대륙도 서로 붙어 있었음이 분명하다고 확신하게 된다. 그리고 그린란드와 아이슬란드가 과거 대륙의 중심이라고 생각하게 된다.

베게너는 자신의 생각을 증명하기 위해 그린란드를 재차 탐험하다가 행방불명되었지만 최근 들어 지질, 지층, 식물 분포에 관한 데이터가 그의 이론을 하나하나 입증해 주고 있다. 또 현대의 지세도 땅의 모양이나 형세를 나타낸 지도 를 보면 그린란드와 아이슬란드에는 화산이 일렬로 늘어서 있고 이어지는 대지구대의 방향도 일치하고 있어 그가 주장한 **대륙이동설**이 더욱 설득력을 얻고 있다.

알프레드 베게너 알프레드 베게너는 독일의 기상학자이자 지구물리학자예요. 대륙이동설을 주장하면서 이를 증명하기 위해 그린란드 탐험을 많이 다녔어요. 그는 지구 표면의 모양을 근거로 대륙이 예전엔 하나였다고 주장했는데 당시에는 사람들이 잘 믿지 않았어요. 그는 그린란드를 다시 탐험하러 떠났다가 그만 행방불명이 되고 말았죠. 최근에는 여러 가지 과학적 근거를 기반으로 그의 대륙이동설이 점차 증명되고 있답니다.

지리 속으로 점프 !

대륙이동설 대륙이동설은 호주 남극을 제외한 5대 대륙이 조금씩 이동하고 있다는 내용이다. 즉 옛날에는 판게아라 불리는 큰 대륙이었던 것이 조금씩 움직이면서 변해 오늘날처럼 아메리카, 유럽, 아프리카 등의 대륙으로 분리되었다는 것이다.

대륙이동설을 주장한 베게너는 이 학설의 증거로 첫째, 아프리카 서해안과 남아메리카 동해안의 해안선이 잘 들어맞는 것. 둘째, 고대 식물 화석 등이 환경이 다른 남극, 호주, 남아메리카, 남아프리카 등에 공통적으로 분포되어 있는 것 셋째, 서로 멀리 떨어져 있는 북아메리카 애팔래치아 산맥과 스코틀랜드의 칼레도니아 산맥의 지질 구조가 연속적이라는 것을 예로 들어 설명했다.

그린란드 탐험 중의 베게너

다시 나타나는 노아의 방주

무엇을 생각할까요?
이대로 가다가는 노아의 방주가 재연될 지도 몰라요. 남극의 얼음이 서서히 녹고 있다네요. 도대체 무엇이 남극의 얼음을 녹이는 걸까요?

반세기 전만 해도 사람들은 지구에 다시 빙하기가 찾아와 추위에 적응할 수 있는 생물만이 살아남게 될 거라 생각했다. 그러나 지금은 빙하기는커녕 얼음이 녹지 않을까 하는 불안이 더 현실감을 주고 있다.

지구온난화 문제가 본격적으로 제기되면서 전 세계의 과학자들이 그것을 막을 지혜를 짜내고 있는데도 온난화가 멈출 기미는 여전히 보이지 않는다.

온난화의 원인은 이산화탄소다. 고대부터 동물의 호흡과 식물의 광합성으로 공기 중의 이산화탄소와 질소의 균형이 유지되었는데 점차 이산화탄소 쪽이 늘어나기 시작해 지구에 **온실효과**를 불러왔다.

이는 산업혁명 이후, 2백 년 전부터 시작된 일이다. 즉 문명의 발달이 온난화를 불러왔다고 할 수 있다. 그러나 온난화의 영향에 주목하기 시작한 것은 겨우 50년 전의 일이다.

온실효과로 지구가 따뜻해지자 남극의 얼음이 녹기 시작했다. 겉으로는 변화가 없는 듯 보여도 남극 관측대의 조사에 따르면 빙하의 바닥이 매년 1m 가량 얇아지고 있다고 한다. 빙하가 얇아지면 얼음이 물로 변해 해수면의 높이가 올라가게 된다.

이산화탄소를 많이 배출하는 나라는 대개 선진 공업국들이다. 이산화탄소의 배출이 더 많아지면, 일찍이 인간의 타락에 분노한 신이 **노아**의 홍수를 일으켰다는 전설과 똑같은 현상이 일어나게 될지도 모른다.

문명의 발달이 자연을 파괴하고, 광합성으로 균형을 유지하고 있는 식물의 수가 줄어 든다면, 지구온난화는 인류에게 내려진 천벌이라고도 할 수 있을 것이다.

온실효과 대기의 수증기나 탄산가스가 온실의 유리같이 작용해 지표면 부근의 기온이 올라가는 현상을 온실효과라고 해요. 최근에는 화석 연료의 연소·삼림 벌채 등으로 온도가 높아지고 있어요. 프레온·메탄 등과 같은 여러 가지 가스의 농도가 증가하면 온실효과는 더 심해진답니다.

노아의 방주 '노아의 방주'는 구약성서 《창세기》에 나오는 이야기예요. 타락한 인간을 벌주기 위해 하느님이 홍수를 일으키면서 노아에게 계시를 주어 큰 배(방주)를 만들라고 하셨어요. 노아는 큰 배를 만들어 가족과 동물 한 쌍씩을 방주에 태워 죽음을 모면한다는 이야기예요.

지리 속으로 점프 !

지구온난화 지구 표면 온도를 높이는 이산화탄소 등 온실기체에 의해 지구의 평균 기온이 올라가는 현상을 지구온난화라 한다. 지구온난화는 20세기 들어 산업 개발로 석탄·석유와 같은 연료를 많이 사용하고 나무를 함부로 베어내면서 그 속도가 점점 빨라지고 있다. 지구온난화를 일으키는 물질에는 이산화탄소 외에 메탄·아산화질소·프레온·수증기 등이 있다.
온난화 때문에 지구의 기온이 상승하면 바닷물이 따뜻해지면서 얼음이 녹는다. 녹은 얼음 때문에 해수면이 높아져 새로운 형태의 강수와 가뭄을 초래하게 된다. 또 생태계가 파괴되고 농작물의 수확량이 줄어드는 등 광범위한 피해가 발생한다. 이러한 지구온난화를 막기 위해서는 대체 에너지를 개발하는 등의 노력이 필요하다.

지구온난화로 녹아 버린 빙하

남극

노아의 방주를 묘사한 그림

미국을 삼킨 토네이도

무엇을 생각할까요?
집도 사람도 날려 버리는 엄청난 바람을 토네이도라고 해요. 이런 무서운 토네이도가 가장 많이 부는 지역은 어디일까요?

모래 바람의 모양이 용이 하늘로 올라가는 것 같다고 해서 붙여진 이름 '**토네이도**'. 토네이도의 본고장은 미국이다.

토네이도의 지름은 100~500m이고 중심부에서는 초속 50~100m의 바람이 분다. 이런 바람이 불면 사람이나 가축, 차는 흔적도 없이 사라지고 때로는 뿌리 깊은 나무나 건물도 뿌리째 뽑힌다. 미국의 경우만 봐도 사망자가 연평균 200명에 이른다.

토네이도에 의한 최대 피해는 1925년 3월 18일에 일어난, 미국의 미주리, 일리노이, 인디애나주에 불어 닥친 토네이도로 689명의 사망자가 발생했다.

미국에 부는 토네이도는 봄ㆍ여름에 걸쳐 주로 발생한다. 특히 4~6월에 1년 발생량 중 반 이상이 일어나고 5월에 가장 많은 토네이도가 발생한다.

지역적으로는 로키 산맥 동부에서 애팔레치아 산맥까지인 오클라호마, 캔자스, 텍사스주에서 많이 발생한다. 연평균 800여 건 가운데 100건 이상이 텍사스주에서 발생한다.

텍사스주의 **위치토폴스**에서는 **풍속** 125m의 토네이도가 발생했던 기록이 있고 이 주를 중심으로 남부, 중부의 주를 24시간 동안 148회의 토네이도가 엄습했다는 기록도 남아 있다.

토네이도가 왜 생겨나는지에 대해서는 아직 밝혀지지 않은 부분이 많다. 불안정한 대기, 높은 습도 등이 원인이 아닐까 추정하고 있을 뿐이다. 천둥과 마찬가지로 토네이도의 3분의 1이 오후 3시부터 6시 사이에 일어난다는 것 이외에는 눈에 띄는 공통점이 없어 여전히 '예보'에 어려움을 겪는다.

위치토폴스 미국 텍사스주 북부에 있는 도시예요. 위치토폴스란 이름 중 위치토는 이 지방에 살던 위치토 인디언의 이름에서 따온 것이고 폴스는 이곳에 있던 강의 폭포에서 유래되었답니다. 미국 도시 이름 중에는 이처럼 인디언이나 지역의 특징에 따라 지어진 이름이 많이 있어요. 거주하는 인구는 약 11만 명 정도예요.

풍속 풍속이란 바람의 속도, 단위 시간당 이동하는 공기의 빠르기를 말해요. m/sec, km/hour 등으로 나타내요. 풍속 10m라는 것은 바람이 1초당 10m를 이동했다는 것을 의미해요. 풍속이 125m였다면 1초에 125m를 날아갔다는 이야기니까 굉장히 강한 바람이죠.

지리 속으로 점프!

토네이도 큰 회오리 바람을 토네이도라고 한다. 태풍이 수평 방향으로 일어나는 것과 달리 토네이도는 수직 방향으로 일어난다. 처음에는 미국의 중부와 동부에서 일어나는 것만 토네이도라 불렀으나, 지금은 이와 같은 현상 자체를 '토네이도'라고 부르게 되었다.
토네이도의 중심부에선 100m/s 이상의 풍속으로 바람이 불어 땅 위에 있는 모든 것을 날려 버린다. 1931년 미네소타주에서는 승객 117명을 실은 열차가 날아갔다는 기록도 있다. 토네이도는 5월에 가장 많이 발생하고, 1월에는 그 발생 횟수가 적다.

커다란 회오리 바람, 토네이도

위치토폴스를 뒤덮은 토네이도

빙하 시대는 다시 올까?

모든 게 얼어 붙는 빙하 시대가 있었어요. 앞으로 수천 년 후에 빙하기가 올지도 모른대요. 무엇이 빙하를 만들어내는 걸까요?

인류학적으로 봤을 때, 북아프리카의 원주민이나 남미 대륙의 인디오는 **몽골로이드** 인종이다. 그런데 태평양을 사이에 두고 이렇게 거리가 떨어져 있는 두 대륙의 선조가 어떻게 같을 수 있을까?

그것은 베링해가 육지로 이어져 있었기 때문이다. 베링 육교라고 불리며 아시아와 아메리카 대륙이 이어져 있었던 것은 무려 1만 5천 년쯤 전인 빙하 시대로 시베리아에서 알래스카로 걸어서 건널 수 있었다.

이렇게 빙하 시대라고는 해도 지구 전부가 얼음으로 뒤덮여 있었던 것이 아니라 생물이 활동할 여지는 충분히 있었기 때문에 지금까지 인류가 존재할 수 있었다. 이 빙하기를 마지막으로 지구는 현재 간빙기 빙하기와 다음 빙하기 사이에 있는 기간 에 있다.

1941년 유고슬라비아의 **밀란코비치**는 계산을 통해, 이런 빙하기와 간빙기가 과거 200만 년 사이에 몇 번이나 되풀이되었다고 주장했다. 즉 태양 에너지가 주기적으로 변하면 지구의 공전 궤도도 10만~40만 년 주기로 변하고, 자전축의 기울기도 4만

년 주기로 변한다는 것이다. 이들의 미묘한 조합이 지구에 빙하 시대를 초래한다는 가설은 지구의 얼음 바닥이나 퇴적층에 남아 있는 기후 변동 데이터와도 일치해 지금까지는 이 설을 뒤집을 만한 이론이 나오지 않았다.

이 설에 따르면 앞으로 수천 년 후에 지구는 다시 빙하기에 들어갈 것으로 추정된다. 하지만 인류가 그것 때문에 멸망하지는 않는다는 것을 과거 몽골로이드 인종의 분포가 증명하고 있다. 어쩌면 현대 문명에 의한 지구 환경 파괴가 빙하기보다 먼저 인류를 멸망시킬지도 모를 일이다.

몽골로이드 몽골로이드 인종은 인도에서 동아시아 대륙, 태평양 제도 및 아메리카 대륙에 분포한 인종이에요. 보통 몽골 인종, 황색 인종이라 불려요. 피부색이 주로 황갈색이며 머리는 검은색이 많죠. 키가 작고 얼굴은 편평하고 광대뼈가 높은 편이에요.

밀란코비치 밀란코비치는 유고슬라비아의 수리기상학자예요. 그는 빙하기가 왜 반복적으로 일어나는지에 관해 연구하면서 그 이유를 지구 밖에서 찾기 시작했어요. 그 결과 지축의 이동 및 지구공전궤도의 변화가 주기적으로 발생하고 있고 그 영향으로 빙하기와 간빙기가 반복하고 있음을 설명하게 되었죠.

몽골로이드 인종　　　　　유고슬라비아의 밀란코비치

바닷물이 짠 이유는 뭘까?

바닷물을 통해 우리는 짠 맛을 내는 귀중한 소금을 얻을 수 있어요. 바닷물은 생길 때부터 짠 맛이었을까요? 아니면 다른 원인이 있을까요?

바닷물이라고 하면 당연히 짜다는 것을 알고 있지만 대체 그 이유는 무엇일까? 물론 '소금이 녹아 있기 때문' 이다. 그렇다면 그 **소금**은 어디에서 온 것일까?

옛날 사람들은 지구상에 물이 처음 나타났을 때 그 물은 소금기가 없는 담수였는데 육지의 암석 등에 포함된 염분이 지하수나 강물에 녹아 **바다**로 흘러들면서 바닷물이 짠 성분을 갖게 되었다고 믿었다.

그러나 최근 연구 결과는 전혀 다른 추측을 가능하게 한다.

지구가 탄생했을 때, 물은 아직 존재하지 않았고 이산화탄소가 대부분인 대기로 덮혀 있었다. 이후 지구의 내부 폭발로 용암 등과 함께 가스가 뿜어져 나왔는데 가스 속에는 수소, 염소 등과 함께 수증기가 포함되어 있었다. 폭발이 멈추고 지상의 온도가 내려가자 수증기가 비가 되어 내렸고 이것이 움푹 패인 곳에 모여 바다가 되었다는 것이다.

이 당시의 바다는 염소가 물에 녹아 있는 연한 염산 바다였던 것 같다. 이 염산이 바다 속 암석에 포함되어 있는 나트륨, 칼륨 등을 녹여 바닷물이 염분을 포함하게 되었다는 것이다. 지구의 탄생은 46억 년 전으로 긴 세월에 걸쳐 바다가 된 것이다.

이렇게 해서 바닷물 속에 생명체가 출현하고 점차 진화되어 인류의 탄생에 이르렀다. 그 최대의 증거는 인간의 몸으로, 몸속 액체는 바다와 아주 비슷한 성분으로 되어 있다.

바다 바다는 지구에서 육지 이외의 부분으로 대규모 소금물로 채워진 곳이에요. 지구 표면적의 3/4이 바다랍니다. 세계 3대 바다는 태평양, 대서양, 인도양이에요.

지리 속으로 점프 !

소금 바닷물을 가둔 후 태양 에너지를 이용해 물은 증발시키고 소금만 남기는 천일제염 방식이 가장 일반적이다. 태양 에너지는 값이 싼 에너지이므로 소금을 만드는 데 널리 이용되고 있다. 천일제염을 하기 위해선 비가 적게 내리고 기온이 높아야 한다. 그래야 물이 잘 증발하기 때문이다. 미국의 캘리포니아, 멕시코, 홍해 연안이 천일제염으로 유명하다.

전통적인 방식으로 소금을 만드는 사람들

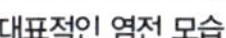

대표적인 염전 모습

미국 캘리포니아 염전

안개의 도시, 런던의 비밀

무엇을 생각할까요?
안개의 도시로 유명한 런던. 그런데 그 안개가 사람을 죽이기도 했어요. 도대체 이 안개에는 어떤 비밀이 있는 걸까요?

뿌옇게 떠 있는 런던의 다리……. 도로에 늘어선 가로등 불빛도 흐리게 보이고 어둠 속에 숨어 있는 살인자도, 남몰래 사랑하는 연인도 안개에 가려 멋지게 보인다. 이처럼 런던의 안개는 소설로, 영화로 어떻게 그려도 좋은 그림이 되어 사람들의 정서를 자극해 왔으며 런던 하면 떠올릴 정도로 신사의 나라 영국의 대표적인 이미지가 되었다.

런던은 원래 위도가 높은 데다가 멕시코 난류의 영향으로 기후가 온화한 편이다. 또 북극에서 내려온 한류가 멕시코 만에서 올라온 난류와 만나 많은 비를 뿌리는 습기가 많은 지역이다. 그 때문에 안개도 명물로 알려지게 되었다.

하지만 특히 겨울에 안개가 많았던 이유로는 각 가정의 난방기구 사용을 들 수 있다. 전에는 지금과 같은 공기 정화시설이 없었기 때문에 난방이라고 하면 스토브나 난로가 대부분으로 석탄을 태우는 것이 보통이었다. 겨울 안개의 대부분은 이 석탄을 태워 더러워진 공기, 즉 **스모그**였던 것이다.

영국은 특히 스모그에 의한 피해가 커서 1952년에는 12,000명의 사람들이 폐질환과 호흡기질환으로 목숨을 잃는 런던 스모그 사건이 발생하기도 했다.

즉 석탄이 연소하면서 발생한 연기가 때마침 나타난 무풍현상 _{풍속이 낮아 연기가 곧바로 올}

 과 기온역전 으로 인해 대기로 확산되지 못하고 지면에 정체하면서 런던 시민의 목숨을 앗아간 것이다.

이에 위기를 느낀 영국 정부는 1956년에 석탄 사용을 제한하는 '대기정화법'을 제정했고 이후 런던의 스모그는 많이 줄었다고 한다.

지리 속으로 점프 !

대기오염 : 스모그 도시의 매연과 대기 속의 오염물질이 안개 모양의 기체가 된 것을 스모그라 한다. 이 용어는 영어의 'smoke'(연기)와 'fog'(안개)의 합쳐서 만들었다. 스모그가 도시나 공업지대에서 발생하면 시야가 나빠지고, 몸에도 해롭다.
이 용어는 14세기 초 유럽에서 산업 발전과 인구 증가로 석탄 소비량이 늘어났을 때부터 생겼다. 19세기 중엽부터 석유가 널리 이용되자, 석유에 의한 오염도 커졌다. 특히 제2차 세계대전 이후, 자동차 등에 가솔린, 중유를 쓰게 되면서, 스모그가 큰 문제가 되었다.
이 현상은 기상 조건의 영향도 많이 받는다. 바람이 약하거나, 지면 부근에서 기온이 역전하면 스모그가 일정 지역에 오래 머물게 된다.

1952년의 런던. 스모그로 인해 수많은 사람이 목숨을 잃었다

심하게 스모그가 끼어 있는 런던

로빈슨 크루소의 실제 모델

다이엘 디포가 《로빈슨 크루소》를 쓰게 된 계기는 무인도에서 혼자 생활했던 알렉산더 셀커크라는 선원의 실화를 들었기 때문이었다. 스코틀랜드 사람인 셀커크는 남미의 태평양 연안을 항해하던 중 선장과 사소한 일로 싸움을 벌여 근처 무인도에 버려졌다. 1704년 10월의 일이었다. 그 후 1709년 2월에 구출될 때까지 셀커크는 4년 4개월을 팬페르난데스 제도의 마스아디엘라 섬에서 혼자 지냈다.

섬의 길이는 20㎞, 폭은 5.2㎞로 물고기, 야채, 물이 풍부한 것이 로빈슨 크루소가 표류하다 닿은 섬과 상당히 흡사하다.

셀커크는 야생 염소와 고양이를 벗 삼아 성서를 읽으며 자급 자족의 생활을 했는데 그것은 로빈슨 크루소의 생활과 똑같다고 한다. 다만 다른 것은 로빈슨 크루소의 경우 무인도 체류 기간이 28년 2개월 19일로 그려졌다는 것뿐이다.

로빈슨 크루소 로빈슨 크루소는 영국 작가 다니엘 디포의 장편 소설로 원제목은 아주 깁니다. 《요크의 선원 로빈슨 크루소의 생애와 이상하고 놀라운 모험》이 원래 제목이에요. 디포가 60세 가까운 나이에 쓴 이 소설은 발표되자마자 큰 인기를 얻었답니다.

다니엘 디포 다니엘 디포는 영국의 소설가예요. 재미있게도 젊었을 땐 속옷 가게를 하던 사람이라는군요. 그러다가 나중에 주간지 《리뷰》를 간행하면서 문필가로 이름을 날렸대요. 《로빈슨 크루소》는 그의 나이 60세가 다 돼서 쓴 소설로 그를 유명하게 해주었죠. 《로빈슨 크루소》는 주로 눈으로 보는 것 같은 사실적 묘사를 많이 했기 때문에 영국 최초의 근대 소설로 불리고 있어요.

다니엘 디포

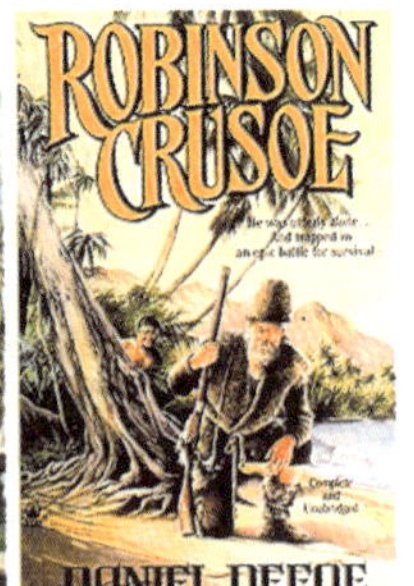

로빈슨 크루소의 표지와 본문 삽화 그림

스탠리가 탐험가가 된 이유

아프리카 북부를 기름지게 하는 나일강. 이 강이 시작되는 곳을 찾아내는 일은 탐험가들의 모험심을 불러일으키기에 충분한 것이었다. 이 강이 시작되는 곳은 '헨리 스탠리'라고 하는 탐험가에 의해 밝혀졌는데 그곳이 바로 빅토리아 호수다.

한때 신문기자였던 헨리 스탠리가 탐험가의 길을 걷게 된 계기는 위대한 탐험가 리빙스턴을 만났기 때문이다. 18세에 영국에서 미국으로 건너간 스탠리는 행방불명된 리빙스턴을 찾아 아프리카로 향했다. 그를 찾아 취재해 오는 것이 목적이었다. 수많은 고생 끝에 아프리카의 오지 마을에서 리빙스턴을 찾은 스탠리는 이후 몇 개월을 그와 함께 지냈다.

이후 리빙스턴이 탐험의 목적을 이루지 못하고 죽음을 맞았다는 소식을 들은 스탠리는 리빙스턴의 유지를 받들어 아프리카 탐험에 나섰다. 그와 함께 생활하면서 저널리스트보다 아프리카 탐험에 매력을 느꼈다.

그는 빅토리아호의 확인에 이어 리빙스턴이 최후까지 미련을 두었던 루알라바강이 콩고강 상류라는 것을 확인했다. 스탠리 자신이 직감했던 것처럼 그는 타고난 탐험가였던 것이다.

리빙스턴

헨리 스탠리

리빙스턴을 만난 헨리 스탠리

02 울퉁불퉁한 지형 이야기

세계에서 가장 높은 산은 어디일까?

가장 높은 산 하면, 에베레스트가 떠오르지요. 하지만 현대 과학이 발전하면서 산의 높이를 측정할 수 있는 다양한 방법이 시도되었고 그 결과 뜻밖의 사실이 밝혀졌어요. 정말로 가장 높은 산은 어느 산일까요?

'세계에서 가장 높은 산은?' 이란 질문에 아직도 많은 사람들이 '**에베레스트**' 라고 대답하겠지만 현대에 와서는 유감스럽게도 정답이라고 할 수 없다.

1852년 **에버리스트 경**이 측정해 세계 최고봉이 된 에베레스트지만 최근의 측량기술 발전으로 세계 최고봉이라고 단정짓기 어렵게 되었다.

최초의 조사에서 에베레스트의 높이는 8,840m였다. 그 후 8,882m로 변경되었고 다시 1954년부터는 8,848m로 정착되었다. 모두 삼각측량에 의한 높이인데 이 측량 방법은 사람의 시력에 의지한 것이므로 기상 조건 등에 좌우되기 쉽다. 이렇게 몇 번이나 대폭적으로 높이가 수정되어 온 것도 이 측량법의 어려움을 증명한다.

최근에는 더욱 정확하게 측정하기 위해 레이저 광선과 인공위성을 이용해 측량한다. 이러한 측량법을 통해 1987년까지 8,611m라고 알려져 왔던 **카라코람**의 K2봉이 8,886m라는 결과가 나왔다. 이리하여 에베레스트와 K2 중 어느 쪽이 최고봉인지 알 수 없게 되었다.

　　게다가 에베레스트의 정상 부근이 강풍으로 계속 깎여서 높이가 낮아졌다든가, 카라코람 산맥이 지금도 융기_{어느 한 부분이 솟아 오르는 현상}를 계속하고 있다는 등의 주장이 나오고 있어서 K2와 에베레스트 간의 키 겨루기는 당분간 계속될 듯 싶다.

에버리스트 경 에버리스트는 영국의 수리 지리학자예요. 1806년 인도로 건너가 생애의 대부분을 그곳에서 보내며 인도 중앙부의 삼각측량에 참가했어요. 에베레스트는 그의 이름을 따서 이름 지은 것이에요.

에베레스트산 에베레스트산은 네팔과 중국(티베트) 국경에 솟아 있는 산이에요. 인도의 측량국장 앤드루 워가 삼각측량을 통해 1852년까지 피크 15(인도 측량국 번호)라고만 부르던 이 산이 세계 최고임을 확인하고 자신의 전임자인 에버리스트의 공적을 기려 에베레스트산이라고 이름 지었어요.
이때 앤드루가 정해준 에베레스트의 키는 약 8,840m였는데 1954년에 가라티가 약 8,848m라는 새 수치를 발표해, 현재는 이를 공식 높이로 삼고 있어요.

카라코람 카라코람 산맥은 인도 북부에 있는 산맥이에요. 카라코람에는 K2봉·가셔브룸 제1봉·브로드피크·가셔브룸 제2봉 등 8,000m를 넘는 고봉만도 네 개가 있어요. 1954년에는 A.데시오가 인솔한 이탈리아 탐험대가 K2봉 등정에 처음으로 성공한 이후 수많은 탐험대가 카라코람 산맥 정복에 도전하고 있어요.

| 에버리스트 경 | 카라코람 산맥의 K2 | 에베레스트산 |

물속에 잠기고 있는 나라

무엇을 생각할까요?
몰디브 공화국은 환경 문제로 서서히 물에 잠기고 있어요. 어떤 환경 문제이길래, 한 나라를 물에 잠기게 할 수 있는 걸까요?

프레온 가스 사용이 규제되고 있는데도 **오존층** 파괴는 멈출 기미가 없고 지구의 온난화는 점점 더 진행되고 있다. 극지방 얼음이 계속해서 녹으면 지구 해면이 상승하는 것을 피할 수 없게 된다. 이렇게 되면 어디로 도망을 가도 국토 전부가 수몰되는 나라가 생기게 된다. 바로 **몰디브 공화국**이 그렇다. 인도의 서남쪽, 아라비아해 출구 주변에서 인도양에 걸쳐 산호초로 된 1,200개의 섬들로 이루어진 나라다.

사람들이 생활하는 곳은 그 중 200개 정도의 섬이지만 가장 큰 섬도 13㎢에 지나지 않고 섬 전부를 합쳐도 국토 면적이 298㎢에 지나지 않는다.

신혼여행이나 스쿠버다이빙 등을 즐기려는 관광객이 몰려드는 휴양지로 알려진 이 나라가 온난화의 영향으로 21세기 중에 수몰된다는 것이다.

그래서 몰디브에서는 가윰 대통령이 선봉이 되어 세계를 향해 '온난화 방지' 대책 마련을 계속 요구하고 있다. 선진공업국의 경제활동이 온난화를 야기하고 그 결과

한 민족의 멸망을 초래한다는 그의 주장과 경고는 크게 평가되어 1988년에 **국제연합환경계획(UNEP)**에서 '글로벌 500' 상을 수여했다.

그러나 온난화가 계속되면 나라 전체가 바다 속 수중 도시가 될 판이니 가윰 대통령으로선 그리 기뻐할 일도 아닌 것 같다. 상을 받는 것보다는 지구온난화의 속도를 줄이는 일이 그에겐 더 절실하기 때문이다.

몰디브 공화국 몰디브 공화국은 인도양에 있는 섬 나라로 수도는 말레예요. 인구 27만의 작은 나라죠. 사람이 살 수 있는 곳이 아주 적어서 인구밀도가 매우 높은 나라예요. 관광지로 인기를 모으고 있어요.

국제연합환경계획(UNEP) 국제연합환경계획은 환경 문제에 대해 국제 협력을 진행하기 위해 설립된 환경 관련 종합조정기관이에요. 환경 문제에 대해 국제적으로 협력하고 지식을 쌓고, 지구의 환경 상태를 점검하는 일을 해요. 환경 보전, 생태계 환경과 개발, 자연 재해 관리 등의 프로그램을 진행하면서 주로 환경 감시, 환경 평가, 환경과 관련한 기술적·과학적 업무를 처리한답니다.
1987년 9월에는 오존층을 파괴하는 물질에 대한 '몬트리올 의정서'를 채택하고 오존층 보호를 위해 국제 협력을 요구하며 활동하고 있어요.

지리 속으로 점프!

오존층 오존을 많이 포함하고 있는 공기층으로 주로 성층권 상층에 밀집해 있다. 오존층은 대기 속 산소 분자가 짧은 태양 자외선을 흡수해 분해함으로써 생긴다. 이 오존층은 사람이나 생물들에게 해로운 강한 자외선을 막아준다.
오존층의 높이는 계절에 따라 변하는데, 겨울부터 봄까지는 낮고 여름부터 가을까지는 높다. 이 오존의 변화는 태양 활동과 밀접한 관계가 있어 기상 변화를 관찰하는 중요한 매개물이 된다.

몰디브 공화국   몰디브의 가윰 대통령   깨끗한 몰디브 해안

매년 국토가 늘어나는 행복한 나라

가만히 있어도 땅이 넓어지는 나라가 있어요. 간척 사업을 하는 것도 아닌데 도대체 무엇이 땅을 넓혀주는 걸까요?

몰디브처럼 국토 소멸의 위기를 안고 불안에 떨고 있는 나라가 있는가 하면 아주 조금씩이기는 하지만 국토가 계속 넓어지는 나라도 있다고 하니 지구의 자연은 정말이지 불공평하다.

그 행복한 나라는 북대서양의 섬 나라 **아이슬란드**다. 북위 63도에서 66도라는 고위도에 위치한 나라인데 토지의 생성이 대서양 화산대의 지각 변동으로 융기한 것인 만큼 그 차가운 이름과는 달리 여기저기에서 온천이 샘솟는 따뜻한 나라다.

국토의 8분의 1이 빙하로 덮여 있고 연평균 기온은 아주 낮지만 수도 레이캬비크는 겨울철에도 배가 드나드는 부동항 _{겨울에도 얼지 않는 항구}이다.

이런 화산 활동이 아이슬란드의 국토를 넓혀 준다. 800m 정도의 고지가 대부분인 국토 중앙부에는 '열하' _{지각 균열로 깊이 갈라진 기다란 틈}라고 불리는 길게 갈라진 틈이 있고 거기에서는 지금도 용암이 계속 뿜어져 나온다. 이를 아이슬란드식 분화 혹은 열하 분화라고 하는데 대량의 현무암질 용암이 분출해 물처럼 흐르는 것이 특징이다. 이 용암이

틈을 밀어 넓혀진 상태에서 굳으면서 섬을 동서로 넓히고 있는 것이다.

수치적으로는 연평균 0.6~1㎝ 정도지만 티끌 모아 태산이라는 속담도 있듯이 몇 만 년 후에는 스칸디나비아 반도와 맞닿게 될 가능성도 있다.

아이슬란드 아이슬란드는 대서양 북부에 있는 섬 나라예요. 수도는 레이캬비크고 아이슬란드어를 사용하죠. 인구는 매우 적어서 28만 명 정도예요. 1인당 국민총생산량이 3만 달러를 육박하는 부유한 나라랍니다.

아이슬란드의 도시 풍경   아이슬란드의 수도 레이캬비크   아이슬란드식 분화

가장 더운 곳과 추운 곳은 어디일까?

무엇을 생각할까요?

연중 기온차가 100도 이상 나는 곳이 있어요. 이곳이 사람들이 살고 있는 곳 가운데 가장 추운 곳이라네요. 이렇게 세계에서 가장 추운 곳과 더운 곳은 어디일까요?

지구상에서 가장 더운 곳, 추운 곳은 어디일까? 더운 곳은 적도 바로 밑, 추운 곳은 남극이나 북극일 것이라고 쉽게 상상할 수 있다.

지금까지 최저 기온을 기록한 곳은 남극으로 1960년 8월에 구 소련의 **보스토크 기지**에서 영하 88.3도를 기록한 일이 있다. 또 1983년 7월에는 영하 89.2도까지 내려갔으므로 틀림없이 세계에서 가장 추운 곳 가운데 하나일 것이다.

단, 이것은 남극의 상시 관측이 이루어지고 있는 장소의 기록이며 실제로는 더 낮은 곳이 남극이나 북극 어딘가에 있을지도 모른다.

극지방은 관측, 연구를 위한 장소로 사람이 살고 있는 곳은 아니지만 사람이 생활하고 있는 곳에서의 최저 기록이라면 시베리아 동부에 있는 **베르호얀스크**로 영하 68도를 기록한 일이 있고 비공인으로 영하 70도였던 날도 있었다고 한다.

반대로 더운 곳이라면 적도 바로 밑의 사막이 아니라 해도 이라크의 바그다드와 같은 중위도에 있는 도시도 한낮에 40도, 50도를 넘는 일이 수시로 있다. '여기가 제일 덥다'라고 지정하기는 어렵지만 1922년 9월에 이라크의 바스라에서는 58.8도를 기록한 일이 있다.

한편 앞에서 언급했던 베르호얀스크는 최고 기온과 최저 기온의 차가 가장 큰 기록도 가지고 있다. 최고 기온이 36.7도, 비공인이지만 최저 기온이 영하 70도라고 하니 계산하면 무려 106.7도라는 기온차가 난다.

또 하루 중의 기온차를 보면, 미국 몬타나주의 브라우닝에서 1916년 1월에 6.7도에서 영하 48.8도까지 한꺼번에 55도 이상 내려간 예도 있다. 아침에 봄옷 입고 출근했던 사람들은 어떻게 되었을까?

보스토크 기지 보스토크 기지는 남극 대륙에 있는 러시아 기상관측 기지예요. 1957년에 설치되었죠. 너무 추운 곳에 있어 겨울에는 야외에서 15분 이상 활동하기가 힘들다고 해요. 보통 20여 명의 직원들이 근무하고 있어요.

베르호얀스크 베르호얀스크는 러시아에 있는 도시예요. 인구는 약 3천 명 정도이고 날씨가 워낙 추워 죄수들이 벌을 받는 유형지로 유명했어요. 일년 중 겨울이 아홉 달이래요. 여름인 7월의 기온은 15도 정도인데 기온 연교차가 세계에서 가장 큰 곳이에요.

남극의 보스토크 기지   연교차가 100도 이상 나는 추운 지방, 베르호얀스크

일년 중 350일간 비가 오는 곳

연간 강수량이 1만2천 밀리리터나 되는 곳이 있어요. 일년 365일 중에 350일이나 비가 와서 그렇다네요. 이렇게 비가 많이 오는 곳은 어디일까요?

비는 그 양의 많고 적음에 따라 자연에 많은 영향을 끼친다. 태풍이나 장마, 특히 집중호우로 비가 많이 내린 해에는 농작물 성장에 나쁜 영향을 준다. 벼이삭이 물에 잠기기도 하고, 햇빛이 적어 열매를 맺지 못하기도 하고, 과일의 맛도 달지 않다. 하지만 또 비가 내리지 않으면 가뭄으로 고생하기도 한다. 그러고 보면 비는 실로 하늘에서 주는 은혜일 수도, 재앙일 수도 있는 것이다.

이러한 비가 1년 중 350일이나 내린다는 기록이 있는 곳이 있다. 그곳은 하와이. 이곳 섬들 중 가장 왼쪽에 있는 **카우아이섬**의 와이알레알레산이다.

이 섬은 하와이 제도 중에서 가장 오래된 섬으로 1,576m의 주봉, 와이알레알레산은 현재 화산활동을 멈췄다. 그러나 따뜻하고 습한 공기가 높은 곳까지 올라가 산 정상 부근은 늘 구름이 끼어 있다. 이 구름이 비를 몰고 와 연간 12,000㎜ 가량의 **강수량**이 기록되는 해도 있다.

이렇게 풍부한 비는 산에 나무들을 키워 정글을 만들고 그 사이로 실로 꿰듯이 몇 줄기나 되는 폭포가 흘러 떨어진다.

과거에는 영화 '남태평양', 최근에는 '쥬라기공원'의 촬영 현장이 되었다고 하니 그 경관이 어느 정도인지 상상할 수 있을 것이다.

관광객으로 북적거리는 다른 섬과 달리 자연의 신비를 안고 있는 카우아이섬을 만든 것은 은혜의 비를 만든 와이알레알레산이라 할 수 있다.

카우아이섬 카우아이섬은 미국 하와이주 북부에 있는 섬이에요. 하와이 제도 중 네 번째로 크죠. 화산섬으로 1778년 영국의 캡틴 쿡이 하와이를 발견할 때 최초로 상륙한 섬이에요.

강수량 눈, 비, 우박 등의 양을 물로 바꾸어 계산한 양을 강수량이라고 해요. 일정한 시간 내에 수평한 지표면에 내린 물의 깊이를 재서 측정해요. 주로 10분, 1시간, 1일, 1개월, 1년 단위로 측정한답니다.

지리 속으로 점프 !

물부족국가 국제연합 국제인구행동연구소(PAI)에서 전 세계 국가를 대상으로 평가해 물이 부족하다고 분류한 나라를 물부족국가라고 한다. 이 연구소의 분석에 따르면 연간 물 사용 가능량이 1,000㎥ 미만은 물기근국가, 1,000~1,700㎥는 물부족국가, 1,700㎥ 이상은 물풍요국가로 분류한다.
국가별로 쿠웨이트 · 몰타 · 바레인 · 싱가포르 등 19개국을 물기근국가로, 한국 · 리비아 · 모로코 · 이집트 · 폴란드 · 벨기에 등을 물부족국가로, 미국 · 영국 · 일본 등 119개국을 물풍요국가로 분류했다.

카우아이섬　　　　　　카우아이섬의 와이알레알레산

세계를 나눈 색다른 방법

일반적으로 아프리카, 아시아, 아메리카 등 대륙으로 세계를 나누어요. 대륙이 아닌 다른 방법으로 세계를 나누어 볼 수는 없을까요?

지구상에 나타난 생물이 지상에서 진화해 나갈 때 비슷한 진화를 보인 지역을 구분해 놓은 것이 '월리스선(Wallaoe's Line)' 이다.

생물지리학적 지역으로 나누는 환경선의 존재를 최초로 인식한 19세기 중반의 영국 박물학자, **알프레드 월리스**(1823~1913)의 이름에서 붙여졌다.

현재 이 월리스선으로 나눌 수 있는 6개 지역은 북아메리카 중심의 '신북구', 남미 대륙의 '신열대구', 유럽과 지중해 연안 아프리카의 극히 일부와 아시아 대부분을 포함하는 '구북구', 아프리카 대륙, 마다가스카르, 아라비아 반도의 반인 '에티오피아구', 인도와 동남 아시아의 '동양구', 오스트레일리아, 뉴질랜드, 뉴기니까지의 '오스트레일리아구' 이다.

월리스가 최초로 이 경계를 인식한 것은 말레이 군도의 동물과 새를 조사하던 때였다. 현재의 인도네시아 서부에 있는 섬에는 아시아계의 코끼리와 호랑이가 있고, 마카사르 해협과 롭보크 해협을 이은 선에서 동쪽은 오스트레일리아계의 **유대류**가 발견되었다. 월리스선의 계기가 된 이 일대는 '월리세아' 로 알려지게 되었다.

이 여섯 개의 지역에는 각각 특유의 동물군이 분포하고 있으며 두 지역에 걸쳐서 나타나는 것은 거의 없다. 단, 남북 아메리카 대륙 사이, 아시아와 알래스카와 같은 육지로 이어지는 지대는 그곳을 통해서 다른 지역으로 오갈 수 있지만 산맥이나 사막을 넘는 일은 없다고 한다.

이렇게 해서 생긴 동물 분포의 대표적인 것이 동남 아시아의 오랑우탄과 자바 섬의 코모도 큰 도마뱀, 오스트레일리아의 나무오름 캥거루 등이다.

알프레드 월리스 월리스는 영국의 박물학자이자 진화론자예요. 다윈과 비슷한 시기에 진화론에 대해 연구해 다윈의 논문과 동시에 발표했어요. 그는 생물의 분포에 흥미를 느껴 생물 분포상의 경계선인 '월리스선' 을 규정했어요.

유대류 유대류는 원시적인 포유동물로 태반이 없거나 있어도 매우 불완전해 새끼가 발육이 불완전한 상태로 태어나는 게 특징이에요. 오스트레일리아에 가장 많이 서식해요. 우리가 잘 아는 코알라나 캥거루가 여기에 속해요.

| 알프레드 월리스 | 대표적인 유대류인 코알라 | 나무오름 캥거루 |

바다의 높이를 조절한 파나마 운하

길이 없어 불편하다면 새로운 길을 만들어야 해요. 바닷길도 마찬가지겠지요? 파나마 운하도 길이 없는 불편함을 해결하기 위해 사람들이 만든 새로운 바닷길이에요. 바닷길은 어떻게 만들었을까요?

예전에 미국은 동해안에서 서해안으로 가기 위해 아메리카 대륙을 따라 쭉 남하한 뒤 남아메리카의 최남단 '혼곶(cape horn)'을 돌아 다시 북상해야 하는 엄청난 불편을 겪었다.

이런 불편을 해소하기 위해 미국은 남북 아메리카 대륙을 연결하는 가장 가까운 위치에 **파나마 운하**를 건설했다. 이 운하 선박의 통행이나 농지 용수를 위해 육지를 파서 만든 수로를 건설하기 위해 미국은 파나마를 콜롬비아에서 독립시키는 등 수많은 난관을 극복해야 했다.

카리브해 최남부인 라몬만까지, 북에서 남으로 대략 93km를 항해하는 이 운하의 최대 특징은 '갑문'이라고 불리는 보 물을 대기 위해 둑을 쌓고 흐르는 냇물을 가둬 두는 곳를 둘러 쌓은 몇 개의 둑을 가졌다는 점이다. 갑문식 운하에서는 수면의 높고 낮음을 조절하기 위해 양측을 수문으로 막고 갑실 내의 수위를 올리기도 하고 내리기도 하면서 배를 운항시킨다. 쉽게 말하면 수로에 만든 물의 계단 같은 것으로 파나마 운하의 경우 대서양 쪽에서 순서대로 가툰, 페드로미겔, 미라폴로레스라는 갑문이 있다.

파나마 운하에 이러한 계단을 만들어야 했던 것은 대서양과 태평양 해면의 높이 차이 때문이다. 원인은 태평양의 **조수 간만의 차** 때문인데 대서양 쪽은 하루 60㎝ 정도 수위가 오르고 내리는 반면 태평양 쪽은 하루에 두 번, 최대 380㎝나 수위가 오르고 내린다. 이 때문에 미라플로레스 갑문은 운하 중에서도 가장 높은 위치에 있다.

운하 안을 항해할 때에는 대서양 쪽에서 들어온 경우, 일찍이 차글레스 계곡이 었던 자연 계곡을 수로로 사용하고 있는 부분도 있지만 인공 호수의 바로 앞에 있는 가툰 갑문으로 약 26m 정도 수위를 올려 통과하기도 한다.

그 다음에는 차글레스의 수로에서 굴착했던 기술자의 이름을 따서 게일라드 컷트라고 붙여진 수로를 따라 수면을 조절하는 두 개의 갑문을 지나 태평양에 이른다.

항해 전체에 걸리는 시간은 대략 8시간 정도로 거리에 비해 시간이 많이 소요되는 것은 수위 조절을 위해 갑실에 물을 넣는데 상당한 시간이 걸리기 때문이다.

지리 속으로 점프 !

파나마 운하

파나마 운하를 건너는 배

아랄해가 사라지고 있는 이유는 뭘까?

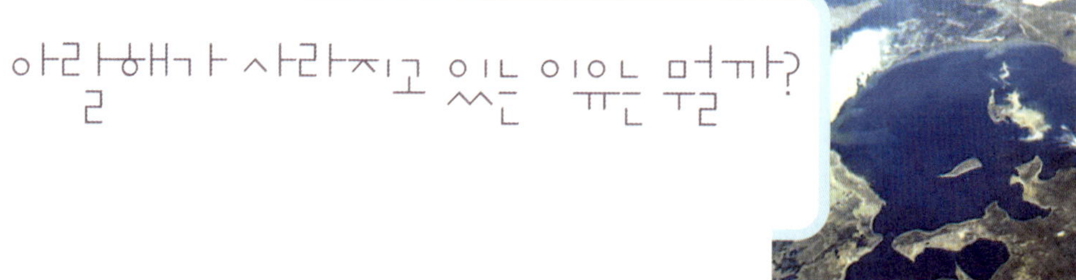

호수 크기가 세계 4위나 되었던 아랄해가 사라지고 있어요. 그렇게 큰 호수인 아랄해를 사라지게 만드는 원인은 무엇일까요?

아랄해는 카스피해의 동쪽, 중앙 아시아의 카자흐스탄과 우즈베키스탄 사이에 펼쳐져 있는 염호다. 예전의 아랄해는 66,458㎢라는 면적을 가진 세계 제4위의 호수였다. 수량도 1,000㎦를 넘는 풍부한 호수로 주위의 토지를 윤택하게 했다.

그러나 1950년대부터 이 호수에 유입하는 아무다리야와 시르다리야 등 두 하천의 유역에서 대규모 관개공사 _{농사에 필요한 물을 논밭에 끌어 대는 일} 가 시작되었다. 목화 재배를 늘리기 위한 시설이 건설되고 하천에서 대량의 물을 공급받기에 이르렀다. 이 때문에 강에서 들어오는 물의 양이 줄어든 호수는 점점 작아졌다.

1976년에는 면적이 55,700㎢로 10,000㎢ 이상이나 줄어들었고 수량도 763㎦까지 떨어졌다.

1987년에는 호수의 수위가 13m 가까이 떨어지고 수량도 374㎦ 남짓, 면적도 겨우 40,000㎢대를 유지하는 모습으로 줄어들어 버렸다.

이 시점에서 조사를 계속하던 미국 대학교수의 경고가 있어 관개공사는 중단되었지만 하천에서 들어오는 물의 양은 좀처럼 회복되지 않았다.

1991년에는 북쪽 부분이 작은 호수가 되어 남쪽 본체에서 분리되는 지경에 이르렀는데 양쪽을 합쳐도 수량은 290㎦로 당초의 3분의 1도 되지 않는다.

또, 원래 1퍼센트 정도의 염분을 포함하고 있던 이 호수는 수분의 감소로 3퍼센트까지 농도가 높아져 전에는 어업도 가능했던 호수였지만 이제는 '죽은 호수' 처럼 돼 버렸다. 목화 재배에 사용하는 농약 등의 영향으로 인한 수질 악화도 심각해 정말로 사라져 버릴 날이 올지도 모를 일이다.

 아람해는 카자흐스탄과 우즈베키스탄 사이에 있는 대염호예요. 아람해라는 이름은 '섬들의 바다' 라는 뜻으로 호수 안에는 천여 개의 섬들이 별처럼 박혀 있어요.
호수로 흘러들던 강물의 수로를 농사를 위해 다른 곳으로 돌린 것이 원인이 되어 해마다 호수의 면적이 줄어들고 있어요. 물이 줄다 보니 소금의 농도가 진해져 이젠 물고기도 살지 못하는 호수가 되었어요.

면적이 줄어든 아람해

말라 버린 호수 위에 배만 덩그렇게 남아 있다

무너지고 있는 세계 제일의 폭포

나이아가라 폭포라고 하면 폭포의 대명사라 할 수 있어요. 그런데 이 폭포가 무너지고 있어요. 어떻게 폭포가 무너질 수 있을까요? 도대체 무슨 일이 벌어지고 있는 걸까요?

폭포 하면, '나이아가라'를 떠올릴 정도로 전 세계에 이름이 알려진 이 폭포는 규모의 광대함과 경치의 웅대함으로 많은 관광객을 불러 모으고 있다.

세계의 유명 폭포 대부분이 험난한 자연에 둘러싸인 곳에 있어 찾아가기 어려운 반면 나이아가라는 온타리오호와 이리호 사이에 있으면서 도시에서도 가까워 인기가 있다.

두 개로 나뉜 폭포의 폭은 300m(미국 폭포)와 800m(캐나다 폭포), 낙차 물이 떨어지는 높이 는 양쪽 다 50m 전후로 끝이 보이지 않는 물의 띠를 이룬다. 이 같은 경관은 물이 떨어지는 굉음과 함께 자연의 경이를 여실히 보여준다.

그런데 이 '경이로움'이 '위협'으로 모습을 바꾸고 있다. 물의 위력으로 절벽이 붕괴되고 있는 것이다.

절벽 상부의 지층은 단단한 고회암 탄산석회와 탄산마그네슘으로 이뤄진 광물 의 두꺼운 층으로 덮혀 있으므로 풍부한 수량을 충분히 이겨낼 수 있다. 그러나 절벽을 받치고 있는 아래쪽의 지층은 부드러운 혈암 점토가 엉겨 붙어서 된 암석과 사암 모래가 물속에 가라앉아 굳어서 된 바위으로 되어 있어 낙하하는 물이 이 부드러운 바위를 깎아내는 것이다.

낙하한 물이 폭포 바닥 웅덩이 안에서 물보라의 힘으로 회전하면서 절벽에 닿아 점차 침식 빗물, 강물, 바람 등이 작용으로 토지나 암석이 깎이는 현상되고 있다. 이렇게 하여 폭포 상부의 지층만이 마치 차양처럼 남게 되면 수량을 이기지 못해 결국은 붕괴되고 만다. 그러면 그만큼 폭포는 이리호 쪽으로 후퇴하게 된다.

평균적으로 연간 1.5m 정도 후퇴하는 것으로 알려졌는데 우리가 아는 것만도 처음 위치에서 11㎞나 후퇴한 상태다. 그렇다면 99m의 낙차가 있는, 하류의 온타리오와 상류의 이리 두 호수가 언젠가는 연결되어 5대호가 4대호로 될 가능성도 있다.

단 계산에 의하면 그렇게 되기까지는 앞으로 2만5천 년은 걸릴 것이므로 성급하게 관광에 나서지 않아도 시간은 충분한 셈이다.

나이아가라 폭포 나이아가라 폭포는 캐나다와 미국 국경 사이에 있는 폭포예요. 이리호에서 온타리오호로 흐르는 나이아가라강에 있어요. 너비가 900m나 되고 이 폭포 사이로 미국과 캐나다의 국경이 지나요.
1678년 프랑스의 선교사 헤네핑이 발견해 전 세계에 알렸어요. 한때는 세계에서 제일 큰 폭포라고 알려졌지만 이과수 폭포와 빅토리아 폭포가 연달아 발견되면서 1위 자리를 물려주었어요.

나이아가라 폭포　　　　폭포 주변의 관광객들

북쪽이 더 따뜻한 나라, 노르웨이

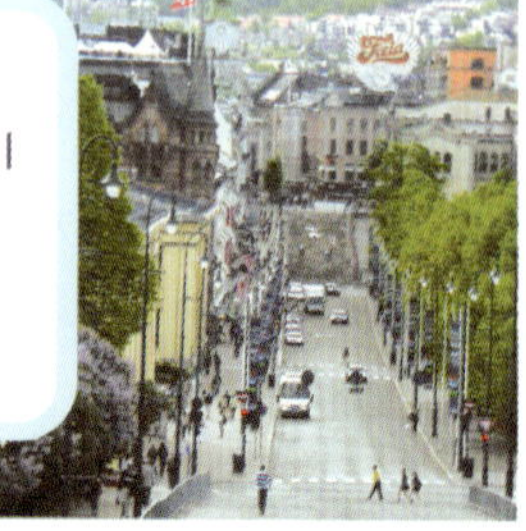

북쪽으로 갈수록 날씨가 추워지는 것이 당연한데, 노르웨이에서는 북쪽에 있는 보데나 나르비크 같은 도시가 남쪽에 있는 수도 오슬로보다 더 따뜻하다고 해요. '위치' 이외에 기온과 날씨에 영향을 미치는 것에는 어떤 것이 있을까요?

일반적으로 북쪽으로 갈수록 춥고, 남쪽으로 갈수록 따뜻하다. 유럽 북부에 위치한 **노르웨이**는 북으로 갈수록 춥지만은 않다. 수도 오슬로에서는 크리스마스 때가 되면 5분만 밖에 나가 있어도 추위로 발끝의 감각이 마비되어 버리고 이러한 저림이 온몸으로 퍼져 나가는 듯한 느낌이 엄습해 온다. 방한 도구를 착용하고 있어도 별로 효과가 없을 정도로 춥다.

그러나 북위 60도인 오슬로보다 더 북쪽으로 북극권에 들어가는 보데는 1월이 아니면 눈이 내리지 않는다. 바다도 얼지 않는다. 그리고 그보다 더 북쪽, 북위 68도를 넘는 항구 도시 나르비크의 바다도 1년 내내 얼지 않는다. 거의 같은 위도인 유라시아 대륙과 북미 대륙의 경계인 베링 해협에는 물 위에 떠다니는 얼음덩이들이 바다를 하얗게 뒤덮고 있을 때, 이 항구에서는 이웃 나라 스웨덴 키르나의 철광을 실은 배가 왕래한다.

월 평균 기온을 보면, 12월의 오슬로가 영하 5.8도인데, 보데는 영하 1.2도, 1월에는 오슬로가 영하 7.2도, 보데가 영하 2.2도이다. 위도가 높은 도시가 더 따뜻한 이 역전 현상은 오슬로가 내륙에 있는 데 비해 보데는 해안을 따라 위치해 있다는 것이 큰 이유다.

　　나르비크도 마찬가지로 연안을 흐르는 북대서양 해류(**멕시코 만류**)가 따뜻한 겨울을 가져다 주기 때문이다.

노르웨이 노르웨이는 유럽 북부에 있는 나라로 수도는 오슬로예요. 인구는 겨우 450만 정도지만 1인당 국민 소득이 3만불이 넘는 부자 나라예요.

지리 속으로 점프 !

멕시코 만류 멕시코 만류는 대서양의 북서부를 북동류하는 해류다. 즉, 대서양에서 북동쪽으로 흐르는 바다의 흐름을 말한다. 멕시코만에서 시작된다고 해서 멕시코 만류 혹은 멕시코 난류라고도 한다. 만류는 온도와 염분이 높으며, 너비는 비교적 좁지만 3~4km로 몹시 빠르게 흐르고 그 양도 많다. 온도가 높기 때문에 멕시코 만류가 지나가는 곳은 따뜻해진다.

노르웨이 국기　　　　　노르웨이 민속 의상을 입은 여성들　　　　　노르웨이의 수도 오슬로

어째서 절벽이 하얀색깔입니까?

초크로 만들어진 절벽이 있어요. 그것도 하얀 절벽이. 백악기에 만들어졌다는 이 하얀 절벽의 정체는 무엇일까요?

영국 남동 연안과 프랑스 북부 연안 사이의 **도버 해협**은 그레이트브리튼 섬과 유럽 대륙과의 거리가 가장 가까운 곳이다. 그래서 이 해협을 헤엄쳐 횡단하는 모험이 19세기부터 있어 왔다.

그런데 영국 쪽의 깎아지른 듯한 절벽 한쪽 면에 하얗게 우뚝 솟은 부분이 있다. 그 정체는 '초크'. 현재는 다른 재질의 것이 쓰이고 있지만 과거에는 이 초크가 칠판에 글씨를 쓰는 데에 사용되었다.

도버 해협 이외에도 이 하얀 절벽은 서유럽이나 멕시코만의 연안 등에서 볼 수 있는데 그 생성기는 **백악기**라고 한다. 일찍이 초크는 그 시대의 지층에 포함된 무기물질인 탄산석회의 침전물이라고 생각해왔다. 그러나 전자 현미경의 발달로 미세한 관찰이 가능하게 되자 새로운 사실이 밝혀졌다.

그 정체는 바다에 살고 있던 생물 화석이었다. 즉 부유성 조류 _{모자 식물에 딸린 물풀} 의 유해가 퇴적하여 굳어지고 해저에 있던 지층이 융기 하여 절벽이 된 것이다.

일찍이 이 해협을 영국과 프랑스 양국을 잇는 배가 왕래했고, 하얀 절벽은 프랑스 혁명으로 망명한 귀족들이 탈출 성공의 상징처럼 바라보았다. 지금은 그 아래로 해저터널이 관통하여 두 나라를 연결하는 열차가 달리고 있다.

도버 해협 도버 해협은 영국 남쪽과 프랑스 북쪽 사이에 있는 바다예요. 해협은 육지 사이에 끼어 있는 좁고 긴 바다를 말해요. 그러니까 도버 해협은 영국이라는 섬 나라와 프랑스가 있는 유럽 대륙 사이를 흐르는 바다를 말하는 것이죠.
매년 이곳에서는 도버 해협 횡단 레이스가 벌어져요. 수많은 사람들이 헤엄쳐서 이 바다를 건너죠. 이젠 해협 밑으로 해저터널이 연결되어 영국과 프랑스는 열차를 이용해 도버 해협을 건너고 있어요.

지리 속으로 점프 !

백악기 백악기는 중생대 지질 시대 트라이아스기, 쥐라기, 백악기의 세 부분 중 마지막 시대다. 백악기는 약 1억 3,500만 년 전부터 약 6,500만 년 전까지의 약 7,000만 년간의 시대다. 이 시대에 해당하는 지층이 백악(chalk)으로 되어 있어 백악기라고 부른다.
화석을 통해 보면, 이 시기의 동물로는 암모나이트, 조개류로는 이노세라무스와 트리고니아 등이 번성했다. 공룡도 크게 발전하였으나 백악기 말에 모두 사라졌다. 식물은 전기에는 겉씨식물, 후기부터는 속씨식물의 쌍떡잎류가 번성했다.

도버 해협의 하얀 절벽

사막에서도 홍수가 날 수 있을까?

사막에는 비도 잘 안 오고, 늘 건조하다는 게 일반적인 상식이에요. 그런데 사막에 홍수가 날 수도 있다네요. 이런 일이 가능할까요?

사막기후라고 불리는 건조 지대의 최대 특징은 비가 적다는 것이다. 다시 말하면 연간 강수량이 적다는 것인데 이 기후의 대표적인 도시, 이집트의 카이로는 과거 30년간 연간 평균 강수량이 25mm 정도였다. 1개월간 내리는 비의 양도 많은 달이 7mm 정도, 전혀 내리지 않은 달이 3개월에서 4개월이나 이어지는 일도 있다.

이런 카이로에서 홍수가 일어난 적이 있다. 1919년 1월 17일 47mm라는 연간 강수량의 배에 가까운 비가 하루에 내린 것이다. 조금 강한 소나기에 해당하는 강수량이지만 이만큼의 비로 카이로와 헬레오폴리스라는 도시를 잇는 10km 정도의 철도가 수몰되어 복구까지 3주일이나 걸리는 피해를 입었다.

단, 이런 큰 비는 5년이나 10년에 한 번 있을까 말까 하는 신기한 예이므로 30년간의 강수량을 평균해보면 구체적인 숫자로는 나타나지 않는다. 즉, '비가 적다'는 것은 '비가 내리는 횟수가 적다'고 말하는 편이 더 정확하다고 할 수 있다.

그런데 만약 비가 내렸다고 해도 사막이 스폰지처럼 물을 계속 흡수하지 않을까 생각할 수 있다. 그러나 사막 같은 마른 지면은 갑작스런 호우를 빨아들일 수 없다. 마치 아스팔트 위에서 비가 흘러 버리듯이 지표를 미끄러져서 홍수가 되어 버리는 것이다.

이렇게 해서 생긴 지형이 사막의 **와디** 마른 계곡 이다. 평소에는 별스럽지 않은 움푹 패인 땅인데 호우를 만나면 순식간에 물이 흐르는 강으로 변신한다. 유목민 등이 와디에 캠프를 치는 일이 있는데 만약 호우가 엄습하면 굉장히 큰 피해를 입을 가능성도 있다. 정말이지 사막이 아니고는 볼 수 없는 갑작스런 홍수다.

와디 와디는 사하라 사막이나 아라비아의 건조 지역에 있는 간헐 하천이에요. 간헐 하천이란 그쳤다 이어졌다 하는 하천이란 뜻이에요. 평상시엔 그냥 골짜기였다가 호우가 내리면 하천이 되는 곳이죠. 지형이 평평해서 평소엔 교통로로 많이 이용돼요.

지리 속으로 점프 !

사막기후 사막기후는 수분 부족으로 식물이 자랄 수 없는 건조기후의 하나다. 일사량이 강하고 수분량은 적기 때문에 낮 동안은 기온이 높고, 밤에는 기온이 내려가 밤낮의 기온이 수십 도 차이가 난다. 연평균 강수량이 250mm 이하이며 간혹 비가 와서 수분이 있는 경우에는 와디 등에서 식물을 볼 수도 있다.

평소에는 교통로로 이용되는 와디   호우로 물길이 생긴 와디

사막으로 변해가는 나라

무엇을 생각할까요?

연료로 사용하기 위해 나무를 베었을 뿐인데 사막으로 변해가는 나라가 있대요. 작은 행동 하나가 엄청난 자연 재해를 불러일으킨 셈인데, 나무와 사막화가 무슨 연관이 있는 걸까요?

인간이 의식적으로 생활 습관을 바꾸면 물질 문명이 지구 환경을 파괴하는 것을 어느 정도는 막을 수 있다.

그러나 지구의 자연 환경 자체가 스스로를 파괴하는 경우도 있다. 그 한 예라고 할 수 있는 것이 **사하라 사막**. 가뭄으로 토지의 **사막화**가 계속 진행되어 매년 15km씩이나 사막 지대가 남하하여 면적을 넓혀가고 있다.

이 사하라 사막이 국토의 5분의 4를 차지하는 나라가 **니제르**이다. 동경 0~16도, 북위 11.5~23.5도에 펼쳐진 1,200km나 되는 내륙국이다. 국토는 넓지만 대부분이 건조지대로 경작 가능한 토지는 12퍼센트에 불과하다. 그런 나라에서 점점 사막화가 진행되고 있으니, 이번에야말로 인간의 지혜를 발휘해야 할 때다.

사막화 방지 계획으로 정부가 '식목일'을 정하고 간신히 개간 계획 등도 진행하고 있지만 과연 사막화가 멈춰질 수 있을까?

사막화가 제일 처음 문제가 된 것은 1968~73년까지 계속된 대가뭄 때문이었다. 그때까지는 숲도 있었고, 사자와 사슴도 있었고, 연간 강우량도 200~300mm는 되었지만 최근에는 겨우 10% 정도로 줄어들어 버렸다.

연료로 쓰기 위해 나무를 베었는데 나무가 줄어들자 수증기가 발생되지 않아 비가 내리지 않게 되었다고 한다. 이러한 경우를 보면 가뭄이라는 자연 재해도 결국 물질 문명의 영향이라 할 수 있다.

사하라 사막 사하라 사막은 아프리카 대륙 북부에 있는 세계 최대 사막이에요. 세계에서 가장 넓고, 건조도도 가장 높아요. 이 사막은 대부분 모래 언덕 혹은 암석으로 되어 있고, 해발고도가 약 300m인 땅이에요. 곳곳에 해발고도 1,000~3,000m가 넘는 암석사막지대도 있어요.

니제르 니제르는 서아프리카 내륙에 있는 나라로 면적은 118만 6,408㎢, 인구는 1,035만 5,000명(2001년 현재)이에요. 정식 명칭은 니제르 공화국이고, 수도는 니아메예요.

지리 속으로 점프 !

사막화 기후 변화나 사람들의 사회 활동으로 토지가 황폐해지면서 생산성을 잃고 사막처럼 되는 현상을 사막화라 한다. 사막과는 다른 개념으로 오늘날의 사막화 현상은 아프리카 사하라 사막 남부 사헬 지역 같은 건조, 반건조 지대에서 주로 나타난다. 극심한 가뭄과 장기간에 걸친 건조화 현상 같은 자연적 요인과 과도한 경작 및 관개, 산림 벌채, 환경 오염 등의 인위적인 요인이 사막화를 빠르게 확산시키고 있다.
이러한 현상 때문에 국제연합 사막대책협의회를 중심으로 사막화 방지에 대한 대책을 세우고 있다.

니제르 공화국의 주요 교통수단인 낙타

니제르의 벽화

둘로 나뉘고 있는 아프리카

무엇을 생각할까요?
대륙이 이동하고 있고, 그래서 아프리카도 둘로 나뉘고 있어요. 대륙이 어떻게 움직일 수 있는 것일까요?

일찍이 지구상의 대륙은 모두 하나로 연결되어 있었으며, 그것이 지각변동으로 뿔뿔이 흩어져 지금의 5대륙이 되었다는 것이 **판구조론**이다.

그런데 그 지각변동이 지금도 계속되고 있어 이번에는 아프리카 대륙이 다시 분열될 가능성이 있다고 한다. 아프리카 대륙의 동부, 에티오피아에서 모잠비크까지 이어지는 남북 약 4,000km의 **지구대**가 지금도 계속 움직이고 있기 때문이다. 이런 지구의 폭은 30km에서 200km에 이른다.

지질학자들의 조사에 따르면 이 지구대는 앞으로 점점 확대되어 언젠가는 바다가 될 것이라고 보고 있다. 지구대가 통과하는 선 위에 분포하는 호수에는 염분을 포함한 것이 많다고 하니 이전에 바다였던 곳이 지각변동으로 붙었다가 다시 떨어지려고 하는 것인지도 모른다.

게다가 탄자니아의 나트론호에 인접한 렝가이 화산은 나트륨을 포함한 용암을 분출하고 있다는 것도 왠지 바다를 연상시킨다.

이 지구대는 그것만으로 끝나는 것이 아니라 에티오피아 북방에서 동과 서로, 홍해 연안과 지중해를 횡단하여 터키까지 Y자형으로 뻗어 이곳도 1년에 몇 mm씩이지만 넓어지고 있다.

그러면 아프리카의 동부, 인도양 연안의 부분이 떨어질 뿐 아니라 아라비아 반도까지 분리될 가능성도 있다.

지구대 지구대는 거의 평행하는 두 단층 사이로 오목하게 들어간 땅이 길쭉한 띠 모양으로 이어진 지역으로 지각이 단층에 의해 밑으로 꺼지면서 생겨난 것이에요.
대표적인 지구대로는 동아프리카 지구대와 사해 지구대가 있어요. 동아프리카 지구대는 에티오피아 중부에서 우간다 서부를 거쳐 모잠비크를 잇는 지구대고 사해 지구대는 요르단 계곡이라고도 하는데, 홍해의 아코바만에서 시작하여 사해를 거쳐 갈릴리호에 이르는 지구대예요.

지리 속으로 점프 !

판구조론 판구조론은 지구의 표면이 10여 개의 딱딱한 판으로 빈틈없이 덮여 있다는 이론이다. 이 판들이 지구 내부에서 작용하는 힘으로 연간 수 cm 정도의 속도로 서로 움직인다는 것. 이에 따라 화산 작용, 지진 현상, 마그마 형성, 습곡산맥 형성 등 각종 지각변동을 일으킨다.
이 판들이 움직여 서로 만나는 방식은 크게 두 가지로 구분된다. 하나는 한 판이 다른 판 밑으로 침강하는 경우이고, 다른 하나는 판과 판이 서로 부딪치는 경우다. 이와 같이 판과 판이 만나는 곳에 습곡산맥이 형성되고, 화산 작용과 지진 현상이 일어나게 된다는 원리이다.

지구대의 모습　　　　동아프리카 대지구대

실어의 아픔으로 죽을 뻔한 스벤 헤딘

중국의 고대 도시 '로랑'과 이동하는 수수께끼 호수 '로프노르'의 발견으로 잘 알려진 스벤 헤딘은 1895년에 타클라마칸 사막에서 죽음의 고비를 맞게 되었다. 사막을 횡단하면서 생명줄인 물을 제대로 준비하지 못했던 것.

탐험가로 명성이 높았던 그가 왜 기본적인 물조차 챙기지 않았던 것일까? 출발 며칠 전, 그는 고향에 남겨 둔 애인이 변심했다는 소식을 듣게 되었다. 그 소식으로 스벤 헤딘은 자포자기 상태가 되어 수행원들의 보고도 제대로 듣지 않았고 준비 상태도 점검하지 않았다. 그로 인해 목적지에 도착하기 전 물통이 바닥을 드러내고 말았다.

함께 떠났던 수행원 4명 중 2명이 타는 갈증으로 목이 말라 죽었다. 작열하는 태양 아래서 그도 모든 것을 포기하고 싶었다. 그러나 '여기서 죽을 수는 없어!' 하는 생명에의 집착이 맹렬하게 끓어올랐다. 그는 물 한 방울 마시지 못한 상태에서 여러 날을 계속 걸었다. 그리고 마침내 물 웅덩이를 발견, 생명을 구할 수 있었다.

이국의 땅에서 생명을 잃을 뻔했던 경험을 계기로 그는 이후의 인생 전체를 중앙 아시아 탐험에 바칠 것을 결의한다. 그리고 후세에 많은 고고학자들을 자극할 만한 수많은 성과를 올렸다.

스벤 헤딘의 모습

로프노르 호수 원정단의 모습

목숨을 내걸고 반란을 막다

바스코 다 가마가 포르투갈의 리스본을 출발한 것은 1497년 6월. 당시 인도양은 미지의 해역이었다. 때문에 바스코 다 가마가 이끈 4척 선단의 선원들은 처음부터 이 항해에 회의적이었다. 11월 희망봉을 돈 뒤 수많은 폭풍과 싸워야 했던 승무원들 사이에서는 불만이 쌓여갔고, 분위기는 갈수록 험악해졌다.

궁지에 몰린 바스코 다 가마는 어떤 조치든 취해야 했다. 선상 반란이 일어나면 새로운 항로를 개척하겠다는 그의 꿈은 물거품이 되고 그의 목숨도 위태로울 수 있었다.

그는 단호히 결단을 내렸다. 반란의 지휘자는 항해장과 물길 안내원이었는데 그들을 따르는 승무원들을 모두 쇠사슬로 묶은 뒤, 배에 비치하고 있던 항해용구와 지도를 바다에 던져 버렸다. 선원들 사이에선 비명이 흘러나왔다. 그는 배의 가장 높은 곳에 올라 큰 소리로 외치기 시작했다.

'이제 남은 길은 하나다. 우리 모두 합심해서 목적지까지 가야 한다. 여기서 각자 제 갈길을 가겠다고 한다면 남은 것은 죽음뿐이다. 여러분은 어떤 길을 선택하겠는가.'

선원들은 승복할 수밖에 없었다. 지도도 없는 마당에 여기서 흩어졌다간 바다 한복판에 수장될 게 뻔한 이치였다. 선원들은 그의 명령에 승복할 것을 약속했고 이듬해 5월, 일행은 무사히 인도에 도착할 수 있었다.

런던 소재 한 박물관에 소장되어 있는 바스코 다 가마의 초상화

바스코 다 가마가 탐험에 사용한 배

03 끊임없이 변하는 세계

석유는 얼마나 남아 있을까?

무엇을 생각할까요?
석유는 현재 인류에게 필요한 가장 소중하고 중요한 자원이에요. 그러나 한계가 있는 매장 자원이다 보니 석유도 언젠가는 고갈될 거예요. 그렇다면 석유는 언제쯤 고갈될까요?

과거의 주요 에너지 자원이었던 석탄은 이제 수요와 매장량 감소 등의 이유로 사양길에 접어들고 있다. 아득한 오랜 세월에 걸쳐 생겨난 매장자원이지만 인류가 사용하는 데는 얼마 걸리지 않았다. 이와 같은 일은 다른 자원도 마찬가지다. 석유도 앞으로 30년, 40년 후면 고갈된다는 말이 나온 지 오래다. 그런데도 유전이 고갈되어 간다는 뉴스가 세상을 놀래키지 않는 것이 오히려 이상하다.

유전의 수명을 나타내는 '가채연수 석유를 채굴할 수 있는 년수'만을 보면 매년 증가하고 있다는 데이터도 있다. 가채연수란 확인된 매장량을 현재의 연간 생산량으로 나누었을 때 나오는 수치인데 그 수가 늘어나고 있다는 것은 확인되는 매장량이 매년 늘어나고 있기 때문이다. 이것은 새로운 유전이 발견되거나 같은 유전이라도 기술의 진보로 회수할 수 있는 석유의 양이 늘어나고 있기 때문이다.

거기에 또 한 가지, 산유국들이 자기 나라의 매장량을 수정하여 발표하는 숫자가 매년 증가하고 있다는 이유도 있다. 사실 석유 매장량은 산유국들에게 있어 중요한 국가 기밀이다. 발표되는 숫자가 얼마만큼 정확한가 하는 것은 확인할 길이 없다.

지금 시점에서 말하면 확인된 석유 매장량은 약 1조 **배럴**, 세계에서 소비되는 것은 연간 23억 배럴이므로 단순하게 계산하면 앞으로 43년 정도면 고갈된다. 게다가 개발도상국의 근대화 등으로 에너지 수요가 높아지면서 석유 소비량도 증가하고 있어 더 짧아질 가능성도 높다.

한편 **원자력 발전**을 비롯한 대체 에너지의 활용이 더 늘어나면 석유에의 의존도가 낮아져 소비 속도가 반대로 늦춰질 가능성도 생각할 수 있다.

결국 석유자원을 언제까지 쓸 수 있는가에 대해서는 '뭐라고 말할 수 없다' 는 것이 현 시점에서의 정직한 결론이라 하겠다.

배럴. 배럴의 기호는 bbl. 주로 액체 계량에 쓰이는 단위예요. 석유의 경우 1배럴은 158.9ℓ 예요.

원자력 발전 원자로 내 핵분열 반응을 이용한 발전 방법을 원자력 발전이라고 해요. 원자력 발전은 화석연료를 태울 때 나오는 유해 물질이 없어, 환경오염 요인이 없어요. 대신 방사선 폐기물을 안전하게 관리하기 위한 시설이 꼭 필요해요. 이 발전방식은 다른 발전 방식에 비해 초기 건설비용이 많이 들지만, 장기적으로 봤을 때, 가장 경제적인 발전 방법이에요.

지리 속으로 점프 !

석유수출국기구 석유수출국기구는 약칭으로 OPEC이라고 한다. 원유 가격 하락을 방지하기 위해 이라크 · 이란 · 사우디아라비아 · 쿠웨이트 · 베네수엘라 대표가 모여 결성했다.
회원국들은 원유가격 인상과 더불어 석유시장 국유화로 많은 이익을 얻어냈다. 거액의 자금을 보유하게 된 산유국들은 국제금융 질서를 좌지우지할 만큼 큰 영향력을 행사한다. 오늘날 OPEC은 알제리 · 나이지리아 · 리비아 · 가봉 · 베네수엘라 · 쿠웨이트 등 11개국이다. 이들은 석유 가격과 생산량 등을 조정하며 원유 가격에 큰 영향을 미치고 있다.

오스트리아 빈에 있는 OPEC 본부

주요 석유 산유국들의 모임인 석유수출국기구

해양에서 석유를 채굴하는 모습

벨기에의 뿌리 깊은 언어 분쟁

벨기에의 국영 방송은 매일 네덜란드어와 프랑스어로 제작된 2가지 뉴스를 방송하고 있대요. 같은 나라 같은 방송국에서, 각기 다른 언어로 방송을 하는 이유는 무엇 때문일까요?

한 국가 안에 서로 다른 언어를 사용하는 사람들이 공존하는 나라에서는 공용어가 여러 개일 수밖에 없다. **벨기에**에서는 네덜란드계 플라망어, 프랑스어, 독일어 등 세 개가 공용어로 사용되고 있으며 '벨기에어' 라는 것은 없다.

유럽에서는 나라의 역사를 말할 때 우선 유럽 전체의 역사가 먼저 있고 그 안에서 각각의 나라가 어떻게 성립되었는가가 열쇠가 된다. 벨기에의 경우 중세 이후 라틴과 게르만 양쪽의 문화가 교차하는 지점에 있었다는 것이 현재의 상황을 낳았다.

즉 플라망어를 사용하는 게르만계 플라망 사람, 프랑스어를 사용하는 켈트계 왈론 사람, 그리고 독일인으로 형성된 복합민족 국가가 되어 버린 것이다.

지역적으로는 북부의 프랜들 지방이 플라망어, 남부의 왈론 지방이 프랑스어, 그리고 동부는 독일어권으로 구분할 수 있다.

1963년에 만들어진 언어법에 따라 이들 지역에서는 정치, 경제, 교육을 비롯한 모든 분야에서 각각의 언어로 통일되어 있다. 플라망어를 사용하는 초등학교에 들어가면 쭉 그 언어를 배워야 하고 만약 프랑스어 대학에 들어가고 싶으면 이사를 하는 수밖에 없다. 유일한 예외가 수도인 브뤼셀로 플라망어와 프랑스어 양쪽을 사용해도 무방하도록 되어 있다.

국영방송도 각 지역별로 그 지역이 사용하는 언어로 방송을 한다. 방송국 한쪽 방에서는 프랑스어 뉴스가 방송되고, 반대쪽 방에서는 플라망어가 흘러 나오고 있다.

벨기에에서는 18세기 이래 실제로는 플라망어 인구가 많았음에도 불구하고 프랑스어가 공용어였던 시대가 있었다.

경제의 활성화와 함께 최근에는 플라망어를 쓰는 사람들이 과반수를 넘었지만 아직도 공문서나 전국적으로 통일되어 있는 화폐 및 우표에는 반드시 플라망어와 프랑스어 두 개 국어로 표기되어 있다. 이 나라의 언어 전쟁은 전혀 끝날 기미가 보이지 않는다.

벨기에 벨기에는 입헌군주국으로 수도는 브뤼셀이에요. 인구가 1천만 명이 넘어요. 유럽에서는 가장 작은 나라 중 하나이고 네덜란드 · 룩셈부르크와 함께 베네룩스 3국을 형성하고 있어요.

벨기에의 알버트 2세 국왕 부부   민속무용을 즐기는 벨기에 시민들

미국에 발목 잡힌 쿠바 개혁

미국이 플로리다 반도와 해협을 사이에 두고 인접한 쿠바와 사이가 나쁜 이유는 쿠바 사회주의 정권과의 대립이라고 단순하게 보기 쉽다. 그러나 사실은 더 긴 역사가 있다.

쿠바는 1511년 이래 스페인의 지배를 받았다. 19세기 후반이 되자 쿠바에도 독립의 기운이 점점 고조되었다. 그러나 당시 쿠바는 특산물인 설탕 산업에 많은 미국인이 진출해 경제의 대부분을 미국에 의존한 상태였다.

마침내 1898년 스페인과 미국 사이에 전쟁이 일어났다. 그러나 독립전쟁 진압에 지쳐 있던 스페인 군은 적이라고 할 수 없을 정도로 쉽게 미국에 손을 들었고 이후 쿠바는 미국의 군사 점령하에 놓였다. 1902년 간신히 독립은 했지만 쿠바의 실태는 미국의 허수아비 정권과도 같았다.

이것에 불만을 품은 국내 세력에 의해 민족의 확실한 독립을 꾀하는 혁명이 일어난 것은 당연한 일이었다. **카스트로**가 이끄는 혁명군이 승리한 뒤 정권을 수립한 것은 1959년인데 새 국가 창건을 위한 농지개혁으로 미국계 기업이 소유했던 토지를 접수했고 이것이 미국 정부와의 대립을 낳는 계기가 되었다.

미국은 **무역봉쇄** 등의 경제 제재를 시작했고 그렇게 되자 쿠바는 당시 사회주의 종주국인 소련에 의지할 수밖에 없었다. 이런 과정으로 1961년 사회주의 혁명 선언이 이어졌고 그렇게 해서 동서냉전에 휘말리게 된 것이다.

카스트로 카스트로는 쿠바의 정치가예요. 1959년 바티스타 정권을 무너뜨리고 공산독재정권을 세웠어요. 이후 토지 개혁을 단행, 미국을 비롯한 외국의 자본을 접수하는 등 사회개혁을 진행했어요. 1962년 10월 소련의 중거리 미사일 반입을 둘러싸고 핵전쟁 위기로까지 발전하였으나 미국이 카스트로 정부를 공격하지 않는다는 조건으로 종결되었어요. 1975년 신헌법을 제정하는 등 사회주의 국가 체제를 정비한 후 여전히 공산주의 정책을 유지하고 있어요.

지리 속으로 점프 !

쿠바 무역봉쇄 쿠바 무역봉쇄란 미국이 1962년 10월부터 미국과 동맹국들에게 쿠바와의 무역을 금지하도록 한 조치다.
1959년 1월 카스트로는 게릴라 활동을 통해 쿠바의 정권을 장악하고, 그 해 5월 미국계 기업의 대농원을 몰수한 뒤, 이듬해 미국계 사탕·석유 회사를 접수하는 등 개혁을 단행했다. 이어 1961년 1월에는 미국과 국교를 단절하고, 1962년 10월에는 소련의 중거리 미사일 반입정책을 펴면서 미국과 맞섰다.
이런 쿠바 정책에 맞서 미국이 쿠바의 해상을 봉쇄하면서 시작된 것이 쿠바 무역봉쇄다. 이후 멕시코를 제외한 라틴 아메리카의 모든 국가와도 국교를 단절시키는 등 쿠바 봉쇄 정책을 펼쳤다.
그러다 미국은 국제적 압박을 못 이겨 2000년부터 쿠바 무역봉쇄를 완화했다. 일부 미국 시민들의 쿠바 여행과 쿠바에 대한 인도적 지원을 허용하고, 2002년에는 처음으로 쿠바의 수도 하바나에서 미국산 농산물 및 식료품 전시회를 열기도 했다.

카스트로

1959년 혁명군의 승리를 자축하는 쿠바 주민들

쿠바 최대의 도시 하바나

유럽에 남은 최후의 식민지

서양 강대국들이 많은 식민지를 거느릴 때가 있었어요. 지금은 거의 독립했지만, 아시아나 아프리카도 아닌 유럽에 아직도 식민지 국가가 남아 있다고 해요. 과연 어느 나라가 왜 아직도 식민지로 남아 있는 걸까요?

지브롤터는 지중해에서 대서양으로 나가는 출구에 해당하는 해상 교통의 요지가 되는 도시다. 이베리아 반도 남단에 있고 길이 4km, 폭 1km, 총 면적 5.8km² 남짓의 반도로 스페인 국내에 있으면서 아직도 영국령이다. 3만 명의 주민이 있고 의회도 분명 있지만 영국 국왕을 대리하여 집행권을 가진 총독이 통치하고 있는 **식민지**다.

1704년에 영국이 점령한 이래 주요 군사 기지가 설치되는 등 전략적으로 중요한 땅이므로 지금도 내놓으려고 하지 않는다. 스페인은 영유권을 계속 주장하고 있지만 지브롤터의 주민들은 투표를 통해 영국과의 관계를 지금 그대로 유지하고 싶다는 의지를 표명하고 있다.

또한 EU 통합 시에 스페인 정부가 지브롤터 주민의 의향도 묻지 않고 직접 영국과 반환교섭을 하고 있는 데에 불쾌감을 나타내며 '아무도 스페인으로 돌아가고 싶어하지 않는다'고 주장하고 있다.

　　1987년에는 지브롤터를 스페인의 자치주로 하고 영국의 행정관리를 받는다는 새로운 제안도 거부하는 등 여전히 해결의 실마리가 보이지 않고 있다.

　　현지 주민들의 목소리는 '지브롤터는 우리들의 조국'이라는 점에서 일치하고 있고 식민지라고 생각하는 것은 다른 나라들뿐인 것 같다.

지브롤터 지브롤터는 스페인의 이베리아 반도 남단에서 지브롤터 해협을 향해 있는 반도 형태로 영국의 직할식민지예요. 스페인의 반환 요구가 계속되고 있는 곳이지만 아직도 영국의 식민지로 남아 있어요. 영국의 해군기지가 이곳에 있고 약 2만 5,000명 정도의 영국군이 주둔하고 있어요.

지리 속으로 점프 !

식민지의 역사 원래 식민지는 민족이나 국민의 일부가 오래 거주하던 땅을 버리고 사람들을 새 토지로 이주시키는 것을 의미했다. 이것이 나중에는 외국에 종속되어 착취를 당하는 지역이란 뜻으로 바뀌게 되었다.

고대에는 처음 개념처럼 이주식민지로 식민지의 역사가 시작되었다. 그러던 것이 15세기 새로운 지리상의 발견을 시작으로 착취식민지로 그 성격이 바뀌었다. 인도양을 중심으로 에스파냐 포르투갈이 신대륙으로 진출하였으나, 동인도회사가 설립되면서 역사의 주인공은 네덜란드, 영국, 프랑스 등으로 바뀌었다. 17~18세기 이들은 무역을 독점하고 식민지를 쟁탈하기 위해 혈전을 벌였다. 최후의 승자로 남은 영국은 네덜란드나 프랑스의 식민지를 계속 탈취하여 방대한 식민지 제국을 건설했다.

산업혁명이 시작된 18세기 말부터는 새로 일어난 산업자본가들이 동인도회사를 해체하고, 식민지 정부를 만들게 한 뒤 모든 산업자본가들에게 식민지를 개방하도록 하였다. 즉, 특정 식민회사가 독점 무역을 하는 것이 아니라 모든 산업자본가들이 자유무역으로 식민지를 건설했다.

이에 따라 식민지는 본국의 원료 시장, 또는 상품 시장이 되었다. 여러 강대국 사이에는 식민지를 획득하기 위한 격렬한 투쟁이 벌어져 아시아 · 아프리카 · 오세아니아의 대부분이 이들에 의해 쪼개졌다. 세계가 강대국들에게 완전히 분할되면서 다른 나라가 영유하고 있는 식민지를 강제로 빼앗기 시작했다. 결국 이것은 제1차 세계대전을 일으키는 하나의 원인이 되었다.

제2차 세계대전 이후 많은 식민지들의 독립운동이 아시아에서 중동 · 아프리카 · 라틴아메리카 등으로 번지면서 잇달아 독립을 쟁취했다.

자치를 원하는 지브롤터 주민들의 시위　　　　지브롤터 바위　　　　지브롤터 해협

둘로 나뉜 체코슬로바키아

민주화를 위한 투쟁 '프라하의 봄'으로 유명한 체코슬로바키아. 하나의 나라였던 체코슬로바키아가 왜 체코와 슬로바키아로 나뉘게 되었을까요?

과거 한 나라였던 체코슬로바키아. 이 나라는 이름에서 보듯이 체코인과 슬로바키아인으로 성립된 나라였다. 역사를 거슬러 올라가면 같은 슬라브 민족으로 9세기에는 대모라비아 제국으로 존재했던 민족이다.

유럽 각 국가들이 헤어졌다 모였다를 반복한 슬로바키아는 10세기에 헝가리의 일원으로, 체코는 보헤미아로 독립했지만 16세기에는 합스부르크 가(家)의 지배하에 놓이기도 했다. 그러다가 1918년에 통일국가가 되면서 천 년 만에 드디어 독립했다. 그러나 제2차 세계대전 후에 공산권 진영으로 들어갔고 68년에는 자유를 향한 투쟁 '**프라하의 봄**'이 당시 소련에 짓밟혔다. 그리고 21년 후, 1989년 베를린 장벽의 붕괴로 시작된 사회주의 종말의 흐름을 따라 수도 프라하에서 시민 데모가 일어나 서기장이 사임하는 무혈혁명을 이루었다.

이렇게 해서 새로운 국가의 첫 걸음을 내디딘 체코슬로바키아였지만 그것이 대모라비아 제국의 재건으로 이어지지는 못했다. 두 국가의 분리를 반대하는 반대파가 많아 시간이 걸리긴 했지만 두 민족은 1992년 11월에 연방해체안이 가결됨으로써 결국 체코와 슬로바키아로 분리되고 말았다.

두 민족이 분리된 데에는 여러 가지 요인이 많았지만 가장 큰 원인은 경제적인 격차였다. 체코는 보헤미아 시대부터 전통 유리 산업이나 식품 가공, 자동차 산업을 가지고 있어 서방측의 자본 도입이 용이했던데 비해 슬로바키아는 소련과 관계가 깊어 군수 관련 산업 등 국영기업이 많았다. 이런 이유로 서방측의 투자가 적어 경제 규모에 있어 체코와 많은 격차를 보였다.

또 신국가의 정부 수뇌와 관료에 체코측 사람들이 많았던 것도 슬로바키아인들의 불만을 고조시킨 이유였다.

체코와 슬로바키아, 지금도 **관세동맹**을 맺고 있는 두 나라지만 실업률은 슬로바키아 쪽이 4배 이상이나 높은 등 경제 격차는 좀처럼 좁혀지지 않고 있다.

지리 속으로 점프!

프라하의 봄 프라하의 봄이란 1968년 체코슬로바키아에서 지식층 중심으로 일어난 민주자유화운동을 말한다. 체코사태라고도 하는데, 이 사태로 공산정권이 물러났다. 이후 개혁파가 정권을 잡아, 체코슬로바키아에도 민주화가 이루어졌다. 그러나 소련은 이러한 체코사태가 동유럽 공산국가들에게 미칠 영향을 걱정했다. 이 체제 변화를 '마르크스 · 레닌주의에서의 이탈'이라는 명분을 내세워, 불법으로 침공했다. 이로 인해 개혁파 주도자들을 비롯한 50여 만 명의 당원을 제명 또는 숙청함으로써 체코슬로바키아의 민주화는 물거품이 되고 말았다.

| 체코 도심의 모습 | 체코 거리의 악사들 | 체코 거리 |

소비에트 연방과 독립국가연합의 차이

무엇을 생각할까요?
소련이라고 줄여 부르는 '소비에트 연방' 이 붕괴되고 '독립국가연합' 이 생겼어요. '소비에트 연방' 과 '독립국가연합' 의 차이는 무엇일까요?

'**소련**' 이라 불렸던 '소비에트 연방' 이 붕괴된 후 그때까지 연방을 구성하고 있던 공화국들이 각각 독립해 새롭게 발족시킨 것이 **독립국가연합(CIS)**이다. 소비에트 연방은 러시아의 통제를 받는 각 공화국이 있는 형태였는데 비해 독립국가연합은 각각의 공화국이 독립하여 러시아 연방과 동맹을 맺은 형태라고 생각하면 될 것이다.

옛 소련 시절에도 다민족 국가였기 때문에 러시아를 제외하면 14개의 공화국이 존재했고 그곳에 살고 있는 민족 수만 해도 130개 민족이 넘었다.

사회주의라는 이름으로 그 나라들을 강제로 통솔하는 국가 형태였던 만큼 각지에서 독립을 요구하는 목소리가 끊임없이 있었다. 1990년대에 들어와 사회주의 경제의 막다른 골목이 보이기 시작하자 현재의 발트 3국 즉, 에스토니아, 리투아니아, 라트비아가 1991년 봄에 독립을 선언하였고 이후 연방의 붕괴가 급속히 이어졌다.

같은 해 12월, 그때까지 소련의 두목 같은 존재로 군림하고 있던 러시아 연방이 주권을 선언했고 이를 따라서 각 공화국도 주권을 선언하게 되었다. 그리고 소련이라는 올가미에서 해방된 국가들이 새로이 손을 잡기 위해 '독립국가연합' 을 발족시켰다.

그러나 최초로 독립을 선언한 발트 3국은 여기에 가입하지 않았다. 그래서 소련이라고 부를 때는 러시아를 포함하여 15개 공화국이었지만 독립국가연합은 12개 공화

84

국으로 이루어져 있다.

러시아는 소련 시절, 여러 공화국의 농업과 광공업으로 지탱했던 경제를 이젠 자국의 힘만으로 지탱해야 했고 각 공화국도 넉넉하지 못한 독립된 살림을 꾸려나가야 했다. 이들이 독립국가연합을 구성한 것은 독립 생활을 하는데 있어 한 때 한솥밥을 먹었던 다른 공화국들의 도움과 지원이 절실했기 때문인지도 모른다.

독립국가연합 독립국가연합은 1991년 12월 31일 소비에트 연방이 사라지면서 소비에트 연방 공화국 중 11개국이 모여 만든 정치적인 공동체예요. 러시아, 우크라이나 등 11개국에서 93년 그루지야가 합류하여 12개국의 모임이 되었어요. 이들은 평화, 안보 등에 상호협력협정을 채택하고 있어요.

지리 속으로 점프 !

소련(소비에트 연방) 소련은 1922~1991년까지 이어진 최초의 사회주의 연방국가다. 러시아, 우크라이나, 벨로루시, 우즈베크, 카자흐, 아제르바이잔, 몰다비아, 키르키스, 타지크, 아르메니아, 투르크멘, 그루지야, 에스토니아 등 15개 공화국으로 구성되었다. 1917년 11월 혁명이 일어나 로마노프 왕조를 마지막으로 제정국가가 무너지고 레닌의 주도하에 1922년 12월 소비에트 연방이 결성되었다. 이후 독재자 스탈린이 등장하면서 소련은 사회주의 국가들의 지도국이 되었다.
이후 1985년 고르바초프의 등장과 함께 일련의 개혁 정책의 영향으로 자유화 물결이 일었다. 1991년 보수파의 쿠데타가 발생, 이를 무력화시킨 옐친이 보다 급진적인 개혁을 단행하게 되었다. 이어서 1991년 공산주의 포기와 공산당 해체를 계기로 각 공화국이 독립을 강행함으로써 급속히 붕괴되었다. 1992년 1월 1일을 기해 독립국가연합을 형성함으로써 소련은 정식으로 해체되었다.

소련의 성립을 주도했던 레닌

소련의 개혁을 주도한 고르바초프 대통령

러시아의 수도 모스크바

터키는 유럽일까, 아시아일까?

무엇을 생각할까요?
터키는 중동과 유럽 사이에 샌드위치처럼 끼어 있는 나라예요. 위치가 그렇다보니 중동 쪽에 가까운 곳은 아시아 문화의 영향을 많이 받았고 유럽 쪽에 가까운 곳은 서구적인 모습을 보여요. 그렇다면 터키는 아시아일까요, 유럽일까요?

흑해를 품에 안고 지중해 가장 깊은 곳에 위치한 나라 **터키**는 동으로 에게해를 끼고 그리스와 마주하고 있으며 남으로는 시리아와 접하고 있다. 관광객이 모여드는 곳은 이스탄불의 톱카피 궁전과 특산품인 융단을 비롯한 잡화를 파는 상점이 줄을 잇고 있는 '그랜드바자르' 다.

또한 회교 사원이 산재해 있는 도시의 광경은 이슬람교의 나라가 아니고서는 볼 수 없는 풍경이다. 동로마제국을 멸망시키고 오스만투르크제국을 건설했던 긴 역사를 생각하면 누구나 민족에 긍지를 품고 있을 것이라 생각된다.

그러나 그런 그들이 불만스럽게 생각하는 것이 한 가지 있다. 그것은 자기네 나라가 '중동 아시아 남서부와 아프리카 북동부 지역의 총칭' 이라는 지역으로 분류되어 있다는 것이다. 분명 에게해 하나를 사이에 둔 그리스에는 지중해의 파란색, 흰 벽의 건물과 우아한 리조트가 많아 그런 이미지를 찾는 여행자들이 많은데 비해 터키라면 서아시아로서 동양적 인상이 지워지지 않는다. '유럽에 가장 가까운 아시아' 라는 것이 대부분의 외국인이

가지고 있는 이미지일 것이다.

　그리고 현실적으로 백과사전이나 연감류 등에도 중동으로 분류되어 있다. 이것은 유럽 사람들에게도 마찬가지여서 이슬람 문화권인 중동의 나라로 인식되고 있다.

　그러나 터키인 스스로의 인식으로는 어디까지나 유럽 사람이다. 터키 정부의 관광 안내서에도 '중동에 가장 가까운 유럽'이라고 씌어 있다.

　1923년, 터키 공화국 최초의 대통령이 된 터키의 아버지, 케말 파샤가 실시했던 많은 개혁도 터키를 동양으로부터 결별시키고 유럽에 편입시키는 외교를 전개하는 일이었다. 이 정책은 터키가 놓인 지리적, 역사적 위치를 가장 잘 나타내고 있는 것이라 할 수 있다.

터키 터키는 아시아 대륙 서쪽 끝에 있는 나라예요. 인구가 7천만에 가까운 나라지요. 수도는 앙카라이고, 공용어로 터키어를 사용한답니다.

터키의 그랜드바자르　　　　　　　　터키의 아버지, 케말 파샤 대통령

남지나해를 둘러싼 영토 분쟁

무엇을 생각할까요?
남지나해라는 바다 하나를 두고 중국과 대만, 중국과 필리핀, 베트남, 브루나이, 말레이시아 등의 나라가 영유권을 주장하고 있어요. 과연 마지막 승자는 누가 될까요?

남지나해 여기저기에서 일어나고 있는 영유권 분쟁은 정말 복잡하다.

우선 대만과 홍콩 사이의 둥사 제도. 이곳엔 과거 일본군의 기지가 있었고, 이어 대만이 활주로를 건설하고 군용기를 띄우자 1992년에 중국이 영해법을 공포하며 영유권을 주장하기 시작했다. 이에 대항하기 위해 대만도 영해법을 공포, 서로 양보할 기색이 전혀 없다.

중국은 또 남지나해 북서부의 시사 제도를 가지고도 베트남, 필리핀과 영유권 분쟁을 하고 있다. 이것은 더 오래된 분쟁으로 베트남 전쟁 후 미국이라는 공통의 적을 잃은 중국과 베트남이 국익을 추구하면서 가열되고 있다. 이곳은 인도양과 동아시아를 잇는 항로가 있기 때문에 해상교통의 요지로 꼭 확보해 두어야 할 장소이다.

　　이 분쟁에 필리핀까지 가담하기 시작한 것은 그보다 더 남쪽에 있는 난사 제도 문제가 뒤얽혀 있기 때문이다. 이 주변에 석유가 매장되어 있을 가능성을 둘러싸고 어느 나라나 한 걸음도 물러서지 않으려는 것이 현실이다. 산호초와 암초만이 이어질 뿐인 곳이지만 향후 석유자원 확보를 기대하며 말레이시아와 브루나이와 같은 인접국들도 분쟁에 편승하고 있어 문제는 그리 간단히 해결될 것 같지 않다.

남지나해 남지나해는 중국 남쪽 필리핀과 인도차이나 반도 및 보르네오섬으로 둘러싸인 바다예요. 남중국해라고도 해요. 앞바다에는 둥사·시사·중사·난사 등 4개 군도가 흩어져 있어요. 아주 유명한 항구들이 이곳에 있어 해상교통의 요지예요.

하늘에서 내려다본 남지나해　　　　　　남지나해 바다 속 풍경

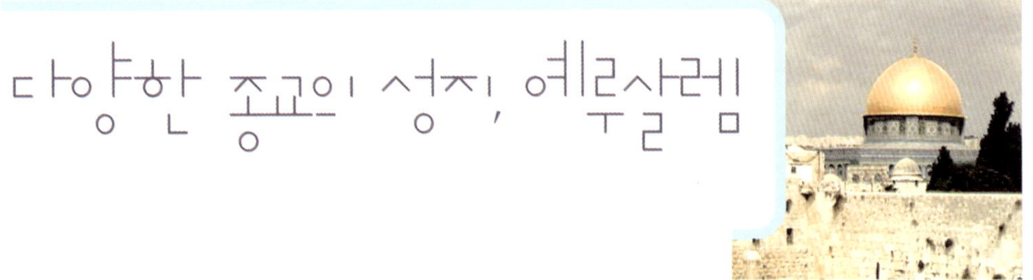

다양한 종교의 성지, 예루살렘

유대교, 기독교, 이슬람교의 성지인 예루살렘. 예루살렘은 어쩌다 세 개나 되는 종교의 성지가 되었을까요?

아라비아 반도의 지중해 근처에 있는 도시가 이스라엘의 예루살렘이다. 그런데 유대교도 기독교도 이슬람교도 이곳을 자신들의 성지로 하고 있으니 참으로 복잡하다.

현재의 예루살렘은 이 세 개 종교의 본가 분쟁에 뒤얽혀 분할 상태인데 이스라엘의 수도와 팔레스타인 자치 정부가 있어 이전의 동서 베를린 같은 모양새를 하고 있다.

제2차 세계대전 후 간신히 국가 건설을 달성한 유대민족의 이스라엘, 세계 여러 강대국들이 손을 쓰지 못하고 있는 **팔레스타인** 난민, 기독교의 성지로 일종의 자유 도시로 두고 싶어하는 교황청 등 각각의 생각이 얽혀서 분쟁의 불씨가 되고 있다.

역사를 돌아보면 예루살렘은 유대 건국의 시조인 다비드가 이곳을 수도로 정한 기원전 1,000년경부터 3,000년의 역사를 가진 신전 등이 있던 땅이다.

그리고 기독교의 입장에서 보면 예수 그리스도가 순교한 땅으로 둘도 없는 신앙의 대상이다.

또, 이 두 개의 종교 세력을 쫓아내었던 이슬람의 입장에서는 예언자 마호메트가 승천한 불가침의 땅이기도 하다.

구 시가에는 유대신전이 붕괴된 뒤 남은 유일한 상징인 '통곡의 벽' 너머에 이슬람 회교신전의 둥근 지붕이 솟아 있는 광경이 보인다. 벽 옆에는 마호메트가 승천한 장소라고 알려진 바위 돔이 있는가 하면, 예수의 묘가 있다고 알려진 장소에는 기독교의 성묘 교회가 세워져 있다.

과거 로마군에 의한 유대 멸망, 성지 탈환을 목적으로 한 유럽 십자군 원정, 아랍의 영웅 살라딘에 의한 성지 해방 등 계속해서 많은 피를 흘려 왔던 이 도시는 언제 또 다시 새로운 피를 흘리게 될지 알 수 없는 불안을 늘 안고 있다.

지리 속으로 점프 !

팔레스타인 문제 팔레스타인의 소유권을 둘러싼 아랍인과 유대인의 분쟁이 팔레스타인 문제이다. 팔레스타인은 이스라엘과 요르단의 여러 지역을 포함하며, 대체로 서쪽의 지중해에서 동쪽의 요르단강까지 그리고 북쪽으로는 이스라엘과 레바논 국경 지대, 남쪽으로는 가자지구에 이르는 지역을 말한다. 20세기에 들어 지금까지 유대인과 아랍의 민족운동 진영이 서로 영유권을 주장하면서 분쟁지역으로 남아 있다.

제1차 세계대전 이후 영국 통치하에 있던 이 지역의 문제가 국제연합(UN)으로 넘어갔다. 국제연합은 팔레스타인에 아랍인 국가와 유대인 국가를 따로 세울 것을 제안했고, 1948년 이스라엘 수립이 선포됐다. 그 후 이스라엘은 영유권을 인정하지 않는 주변 아랍 국들과의 전쟁을 통해 영토가 원래보다 50% 정도 더 넓어졌다. 이 과정에서 약 72만 명의 팔레스타인 아랍인이 이스라엘을 떠나 주변 아랍 국가들에서 난민 생활을 하게 되었다.

이 문제를 해결하기 위해 아랍연맹은 팔레스타인 대표기구로 팔레스타인해방기구(PLO)를 만들었고, 1993년 9월에 팔레스타인과 이스라엘 간의 평화협정이 맺어져 가자와 웨스트뱅크 지역에 팔레스타인 자치기구의 설립이 확정되었다.

독립을 기뻐하는 이스라엘 국민들

예루살렘에 있는 이슬람 사원

통곡의 벽과 그 너머로 보이는 이슬람 사원의 돔

군대를 갖고 있는 영세중립국 '스위스'

영세중립국이면서 40만 명의 군대를 갖고 있는 스위스. 전쟁을 하지 않겠다는 영세중립국에 막강한 군사력이 왜 필요한 것일까요?

스위스라고 하면 관광 사진을 보지 않더라도 산과 물로 둘러싸인 아름다운 나라라는 인상을 누구나 가지고 있다. 게다가 세계 최초의 '**영세중립**' 선언국이라는 말을 들으면 평화의 상징처럼 생각해도 이상할 것이 없다.

그런데 그런 이미지와는 반대로 이 나라에는 40만 명의 군대가 있고 국가 예산 중 약 5조원에 달하는 국방비를 투입하고 있다.

그렇다면 '영세중립국이라면 전쟁도 하지 않는데 어째서 군대가 필요하지?' 하는 의문이 생길 것이다. 여기서 '영세중립국'의 의미를 다시 한번 생각해 보자.

영세중립이란 '우리 나라는 전쟁을 하지 않는다', '다른 나라가 전쟁을 해도 거기에는 참가하지 않겠다'고 선언하는 것이다. 전쟁을 위해 다른 나라의 군대가 자국을 통과하는 것조차 인정하지 않는다.

스위스가 영세중립을 선언한 것은 1815년, 유럽 한가운데 위치하여 각국의 세력 경쟁에 휘말리는 일이 많은 상황에서 독립과 동시에 중립을 결정하였고 그것이 빈 회의에서 인정을 받았다. 그 때의 입장이 '무장 중립'이었다. 즉, 다른 나라의 전쟁에는 관여하지 않지만 나라를 지키기 위한 중립이므로 만약 우리 나라를 침략하려는 나라가 있다면 싸우는 일을 마다하지 않겠다는 자세이다.

그래서 국민에게는 병역의무가 있다. 19세부터 42세까지의 건강한 남성은 15주 간의 군사 기초 교육을 위해 입대하고, 그 후에도 2년에 한 번씩 군사훈련을 의무적으로 받도록 되어 있다. 만약 전쟁이 일어나면 누구나 총을 들고 싸우도록 되어 있다.

이 중립 선언의 역사 때문에 스위스는 제2차 세계대전 후에 설립된 UN에도 가입하지 않았다. UN에 가입하면 타국끼리의 전쟁시에 군대를 파견해야 할 가능성이 있기 때문이다.

지리 속으로 점프 !

영세중립조약 영세중립조약은 평화를 유지하는 한 방식으로, 스스로를 보호하기 위한 경우 외에는 영원히 전쟁에 참여하지 않는 의무를 지는 국가간의 조약이다. 국제법상 조약이 이루어져야만 그 권리와 의무가 생긴다.
영세중립국은 자국을 보호하기 위해서 무기를 보유하거나, 군대를 가질 수 있다. 그러나 다른 나라의 전쟁에 참여할 수 없기 때문에 다른 나라와 동맹이나 조약을 맺을 수는 없다. 대신 다른 나라들에게 정치적인 독립을 보장받는다.

맹훈련 중인 스위스 군인들

스위스의 자연

세계에는 얼마나 많은 지뢰가 묻혀 있을까?

무엇을 생각할까요?

전쟁 때문에 사용된 지뢰. 그러나 지금까지도 지뢰는 수많은 사람들의 목숨을 앗아가고 있어요. 아직도 땅 속에 묻혀 있는 많은 지뢰를 어떻게 해결해야 할까요?

고(故) 다이애나 영국 황태자비가 생전에 힘을 쏟았던 일 중 하나가 **대인지뢰**(땅 속에 묻어 놓고 적군이 통과할 때 폭발하도록 만든 무기) 전면금지 결의였다. **적십자**의 발표에 따르면 이 지뢰로 인해 현재도 세계 어디에선가 매월 8,000명이 사망하고 450명이 부상을 입고 있다고 한다. 또 미국 국무성의 보고서에 따르면 세계 62개국에 최소한 6,500만 개, 최대 1억1천만 개나 되는 지뢰가 지금도 땅 속에 묻혀 있다고 한다.

앙골라, 이라크, 이란, 캄보디아, 베트남, 아프가니스탄, 크로아티아, 보스니아, 니카라과와 같은 나라가 분쟁 해결 후에도 지뢰를 겁내며 살아야 하는 나라다.

지뢰는 제1차 세계대전부터 사용되어 왔기 때문에 유럽 각지에서는 지금도 땅 속에 매몰되어 있는 지뢰가 폭발하는 일이 자주 있다고 한다.

지뢰는 처음에는 적의 공격에 대비해 묻어 두는 방어형 무기였지만 동서 냉전 종식 후의 민족분쟁에서는 모든 것을 파괴해 버리기 위한 공격형 무기로 바뀌었다.

지뢰 한 개의 제조 경비는 3~75달러로 선으로 무척 싸다. 하지만 묻혀 있는 지뢰를 처리하는 데에 드는 비용은 1개당 300~1,000 달러라니 너무나 비경제적인 무기다. 또 옛날 지뢰는 금속제 케이스에 들어 있어 금속 탐지기로 쉽게 찾을 수 있었지만 최근엔 플라스틱으로 되어 있고 초소형이어서 감지가 어렵다는 것도 지뢰 제거 작업을 어렵게 하는 큰 요인이다.

적십자 적십자는 전쟁이 일어났을 때, 다친 사람들을 보호하고 치료하기 위해 만들어진 기구예요. 또한 포로, 민간인 보호에까지 활동 범위를 넓혔어요. 최근에는 청소년들에게 국제우애 · 연대 및 평화의 정신을 널리 알리기 위한 '청소년 적십자운동'도 펼치고 있어요.

지리 속으로 점프 !

국제지뢰금지운동 국제지뢰금지운동 기구는 1991년 미국과 독일의 국제비정부기구(NGO)들이 연합해 설립한 국제 민간기구다. 비정부 국제조직으로, 대인지뢰의 제작 · 사용 금지 및 인도주의적 지뢰 제거를 목적으로 한다.
전 세계 60여 개국에서 450개가 넘는 단체가 참여하고 있다. 설립 이후 이 조직의 업무조정 책임자인 윌리엄스의 주도 아래 대인지뢰 금지 및 인도주의적 지뢰 제거를 위한 국제적인 방안을 강구하는 한편, 각종 지뢰 제거 관련 지원 프로그램을 펼치고 있다.
국제지뢰금지운동은 이 운동의 책임자인 윌리엄스와 함께 대인지뢰 사용 금지에 앞장선 공로로 1997년 노벨평화상을 받았다.

지뢰 반대 운동을 펼치는 조디 윌리엄스

지뢰 제거 작업을 하고 있는 군인

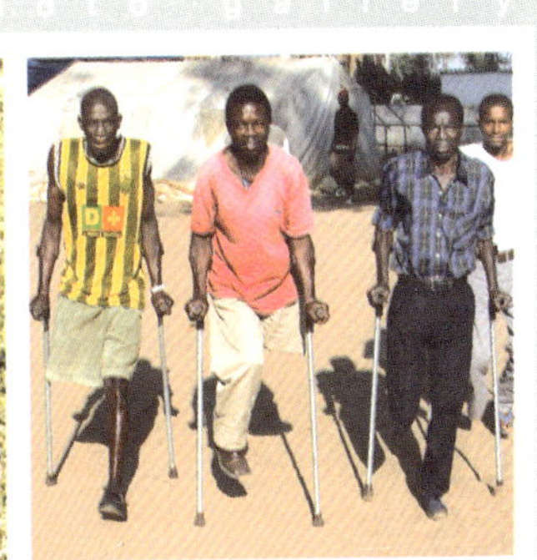

지뢰로 한 쪽 다리를 잃은 피해자

잘못된 조사로 독립한 사우디아라비아

현재 세계 제1의 석유 매장량을 자랑하는 사우디아라비아는 영국의 식민지였어요. 그럼에도 불구하고 쉽게 독립국이 되었어요. 사우디아라비아는 어떻게 영국의 손에서 쉽게 풀려날 수 있었을까요?

오일 머니의 위력을 자랑하는 **사우디아라비아**는 아라비아 반도의 80퍼센트를 차지하는데 지금도 국경이 확실치 않아 유엔 발표와 사우디아라비아의 주장 사이에는 35만 km^2나 차이가 난다.

왜냐하면 국토의 대부분이 사막이기 때문에 유목민족 **베두인**은 항상 이동하면서 산다. 따라서, 그들에게 중요한 것은 어디까지가 영토인가 하는 인식보다 목초가 있는 곳이 생활의 터전이기 때문이다. 그러므로 인구도 확실치 않다. 1996년 현재 1,842만명이라는 숫자도 어디까지나 유엔의 추정이다.

또 농작지의 면적은 관개가 이루어진 현재에도 국토 면적의 겨우 0.6퍼센트에 지나지 않는다. 이런 척박한 땅이기 때문에 민족통일을 이룬 사우드 가(家)가 1929년 왕국을 건국한 후에 비교적 쉽게 독립국이 될 수 있었다. 그때까지 영국의 영향력이 미치고 있던 이 나라의 독립은 영국의 국책 석유회사가 아라비아 반도를 철저하게 조사하고 '지표에 석유가 배어 나오지 않으므로 유전 발견의 가능성 없음'이라는 어리석은 판단을 내린 것이 행운이었다. 지금처럼 매장된 석유가 엄청나게 있다는 것을 알았다면 아프리카 제국이 여러 강대국의 식민지 지배에서 빠져 나올 수 없었던 것과 같은 불행을 겪었을 것이 분명하다.

그 후 사우디아라비아 왕국이 정식으로 출발한 1932년, 미국의 석유회사가 이 나라 앞바다인 바레인 섬에서 석유 시추에 성공했다. 석유회사는 건너편인 사우디아라비아에도 석유가 틀림없이 있을 것이라고 확신하고 적은 대여금과 교환으로 사우디아라비아에서의 석유개발권을 손에 넣었다.

그리고 6년 후 다란 유전의 발견, 뒤이은 거대한 브르간 유전의 발견으로 사우디아라비아는 세계 제일의 석유자원 보유국의 길을 걷게 되었다.

사우디아라비아 사우디아라비아가 건국된 것은 1927년이에요. 건국의 아버지라 불리는 압둘 아지즈왕이 분리되었던 사우디를 통일하였고 1932년 9월에 현재의 국명으로 바꾸었어요. 세계 제1의 석유매장량을 갖고 있는 석유산유국이자 중동지역의 평화와 결속의 구심점이 되고 있어요.

베두인족 베두인족은 아랍의 유목민이에요. 비가 많은 계절에는 사막으로, 건조기에는 물이 풍부한 지역으로 이동해서 살아요. 사막에 가장 가까이 살며 낙타를 사육하는 종족이 가장 존경을 받고 최하위는 농경에 종사하는 종족이에요. 부계(父系) 사회로 씨족을 사회 생활의 기반으로 삼고 있어요.

사우디아라비아의 국기

베두인족의 생활 모습

키프로스의 기구한 운명

무엇을 생각할까요?

작은 섬 나라인 키프로스는 한 나라지만 두 나라처럼 살고 있어요. 남북으로 나뉘어 각기 다른 나라처럼 살고 있어요. 이 나라가 둘로 나뉘게 된 이유가 무엇일까요?

터키 남쪽 64㎞의 지중해 상에 가로놓인 **키프로스섬**. 지중해에서는 세 번째로 큰 섬인데 이 섬이 바로 키프로스 공화국이다. 주민은 약 70만 명. 그 중 터키계 민족은 20퍼센트밖에 없고 나머지는 그리스계 민족이다. 이 불균형이 오랫동안 이어져 온 키프로스 분쟁의 직접 원인이다.

키프로스는 1960년 영국에서 독립한 이래 그리스계 주민들을 중심으로 그리스로의 병합을 요구하는 운동이 일어났다. 그러나 그리스와 통일되면 박해를 받을지도 모른다는 불안감 때문에 터키계 민족들이 이에 격렬하게 반대했고 두 민족 간의 충돌이 계속되었다.

그리스 병합을 희망하는 '에노시스 운동'을 그리스가 지원하자 급진파가 단번에 일을 이루기 위해 쿠데타를 일으켰다. 그러나 그것이 미수로 끝나면서 분쟁은 더욱 격화되었다.

이를 계기로 이번에는 터키의 후원을 받은 '북키프로스 터키 공화국'이 1983년에 독립을 선업했다. 물론 이 독립을 승인한 것은 터키뿐이다.

이 섬의 영토 3분의 1에 해당하는 북부에는 현재 터키 군이 주둔하고 있고 중재를 위한 유엔 평화유지군도 있어 사실상 국가가 둘로 나뉜 상태이다.

키프로스 섬의 역사를 더듬어 보면 분쟁의 불씨는 기원전부터 시작되었다. 이 섬은 러시아, 로마, 비잔틴으로 차례차례 지배자가 바뀌었고 그때마다 농락당해 왔다. 한때는 십자군의 본거지이기도 했고 오스만투르크에 정복되었던 시대도 있었다.

영국에 합병된 것은 제1차 세계 대전에서 터키가 독일에 패한 이후이다. 터키 입장에서 보면 독립 후 유럽으로 눈을 돌리는 키프로스가 불쾌했을 것이고 현실적으로도 터키계 주민의 권리를 제한하는 헌법이 제정된 적도 있어 맺혀 있던 감정이 분출된 것이라 할 수 있다.

키프로스섬 키프로스는 지중해 동부에 있는 섬 나라로 그리스어와 터키어를 공용어로 사용해요. 그리스계 주민과 터키계 주민이 살면서 그치지 않는 민족분쟁의 씨를 안고 있는 나라예요.

키프로스섬　　　　　　　　　　　키프로스 도시 풍경

죽은 자의 도시에 산 살아있는 사람들

이집트의 한 도시인 '죽은 자의 도시'에 '산 사람들'이 몰려들고 있대요. 죽은 자를 위한 도시에 살아 있는 사람들이 모여드는 이유는 무엇일까요?

이집트는 이슬람 교도의 나라로 사람들은 알라신이 뜻하신 대로 만물이 움직인다는 생각을 갖고 있다. 그것은 인간의 죽음에 대해서도 마찬가지여서 죽음을 두려워하지 않는다. 그들은 이 세상에서의 생활은 거짓 모습이고 죽음으로 인해 새로운 생활이 시작된다고 믿는다. 육체는 이 세상을 살기 위해 혼이 빌어 쓰는 물건인 것이다.

그러나 이슬람교가 전파되기 이전의 이집트 사람들은 육체가 남아 있으면 죽어서 저 세상에 간 혼이 돌아온다고 생각하였고 그래서 **미라**를 많이 만들었다. 그리고 그 미라가 되살아났을 때 다시 생활하는데 불편하지 않도록 하기 위해 묘를 만들면 그 주위에 집을 짓고 생활도구를 갖춰 두는 풍습이 생겼다.

그런 집이 늘어서 있는 소위 빈 집 투성이의 묘지가 '죽은 자의 도시'로 수도 카이로에서 공항으로 향하는 중간 지역에 위치해 있다.

그런데 최근 농촌 인구의 과잉과 높은 출생률로 카이로에 인구가 급격히 유입

되면서 원래부터 골칫거리였던 주택 문제가 한계를 넘어서고 말았다. 거리는 살 곳이 없는 노숙자들로 넘쳐났고 각종 범죄와 부패가 생겨났다.

문제가 갈수록 심각해지자 카이로는 살 곳이 없는 노숙자들을 이 '죽은 자의 도시'로 보내 버렸다. 잠잘 집과 적당한 가재도구가 있는 이곳이야말로 노숙자들에겐 더할나위 없는 천국인 셈이었다.

고대의 신앙심이나 죽은 자의 혼보다 현재 살아 있는 사람이 우선되는 것은 어쩔 수 없는 일이 아닐까?

미라 미라는 죽은 사람을 인공처리를 해 원형에 가깝게 보존한 것을 말해요. 이집트의 미라 제작은 일찍부터 발달해서 3,000년 이상의 역사를 갖고 있어요.

이집트 카이로의 노숙자

카이로의 도시

북극으로 가고 싶었던 아문센

탐험가들에게 '세계 최초'라는 명예는 매우 중요한 의미다. 이 세계 최초라는 명예를 아깝게 놓쳤지만 이에 실망하지 않고 다시 목표를 수정, 또 다른 곳에서 '세계 최초'의 명예를 얻은 사람이 있다. 바로 첫 남극 탐험가로 역사에 이름을 남긴 로알드 아문센이다.

아문센이 탐험을 계획한 곳은 남극이 아니라 북극이었다. 그러나 미국의 로버트 에드윈 피어리에 의해 북극 탐험이 성공했다는 뉴스가 노르웨이에서 탐험 준비에 여념이 없던 아문센에게 전해졌다. 북극을 목표로 자금을 조달하고 있던 아문센은 일순간 힘이 빠졌지만 실망하지 않고 목표를 전환, 지구 반대편인 남극으로 가기로 결정했다. 그리고 1911년 그의 탐험은 성공적으로 끝났다. 그는 남극에 처음으로 깃발을 꽂은 탐험가가 되었다.

그러나 그로 인해 눈물을 흘린 인물도 있다. 바로 겨우 한 달 늦게 남극에 도착한 영국의 스콧 탐험대다. 그들은 나라의 명예를 걸고 온갖 고생 끝에 남극에 도달했지만 거기에서 본 것은 남극에 꽂힌 채 힘차게 펄럭이고 있는 노르웨이 국기였다. 스콧 탐험대는 낙담하여 돌아오는 도중 브리저드에서 전멸하는 비극을 맞고 말았다.

남극 탐험 중의 아문센

아문센

북극으로 가는 색다른 방법

지구의 천장 북극에 서고 싶다는 인류의 모험심이 아직 채워지지 않았던 19세기 말, 북위 86도 14분의 지점까지 도달했던 인물이 있었다. 바로 노르웨이의 난센인데 그가 북극을 향해 간 방법은 정말 기발한 것이었다.

그가 선택한 항해법은 다름아닌 '표류'였다. 그는 북극에는 해류가 있다고 추리하고 그 해류를 타면 극점을 통과할 수 있을 것이라고 생각했다.

그는 자신의 이론을 실증하기 위해 8년치의 연료와 6년치의 식량을 싣고 1893년에 오슬로를 출발했다. 배는 빙하에 막히지 않도록 바닥을 둥글게 특수제작했다.

그리고 예정대로 표류하기를 2년, 하지만 해류는 아무리 해도 극점으로 향하지 않았다. 결국 그는 배를 포기하고 개썰매와 도보로 북극점을 향해 갔다. 하지만 빙하가 너무 많아 이듬해에 포기하게 되었고 영국 군대에 의해 구조되었다. 그러나 배는 주인 없이도 자력으로 베링해를 통과하였고 그의 해류설은 실증되었다.

북극 탐험 중의 난센

난센
난센은 노르웨이 사람으로 북극 탐험가예요. 1882년 그린란드를 탐험하고 돌아왔고 1893~1896년 프람호를 타고 북극 탐험에 나섰지만 북위 83°59'까지 표류하다 배에서 내려 개썰매와 카약을 이용하여 북위 86°14'지점까지 탐험했어요. 《극북》, 《노르웨이의 북극 탐험》 등의 책을 남겼어요.

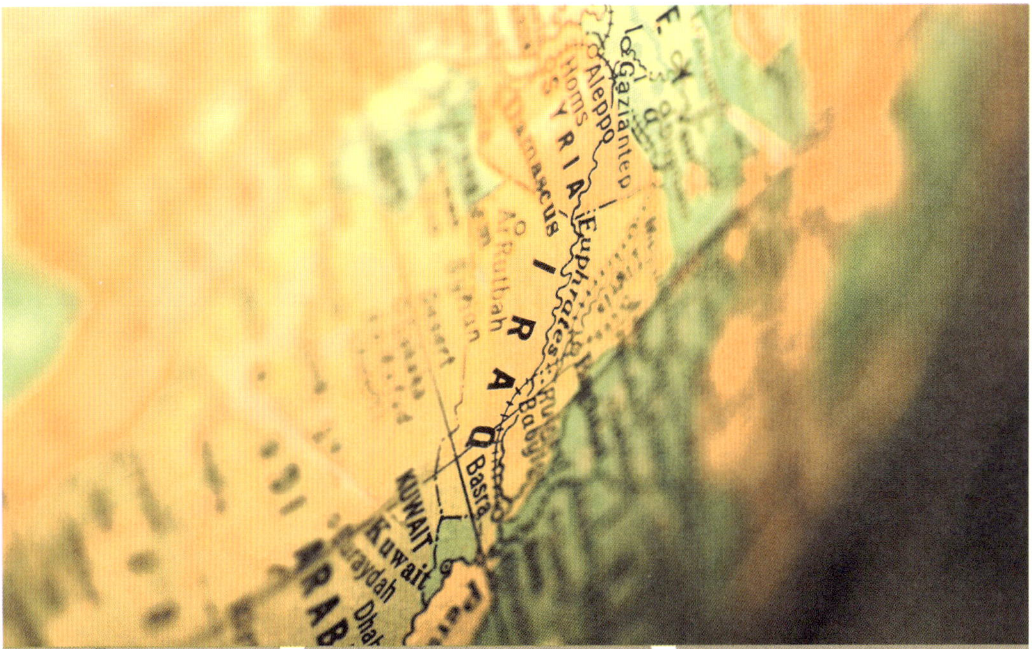

04 지도로 배우는 지리

세계 초초의 지도는 누가 그렸을까?

무엇을 생각할까요?
옛날 사람들이 생활의 편리를 위해, 어디에 가면 동물이 많고 어디에 가면 열매들이 많이 있는지를 기록해 놓은 것이 바로 지도의 시작이에요. 그렇다면 세계 최초의 지도는 언제 그려졌을까요?

지도를 어떻게 정의하느냐에 따라 '최초의 지도'가 어떤 것인가는 다를 것이다. 동굴 생활을 하던 시절, 벽에 어느 산에서 어떤 나무 열매를 주울 수 있다든가, 어떤 동물이 살고 있는가를 그린 것, 또는 방바닥 모퉁이에 몇 명의 사람이 살고 있다는 것을 써 놓은 것, 이것들도 어떤 의미에서는 '최초의 지도'라고 할 수 있다.

그러나 지금의 지도와 비슷한 정의의 '비교적 넓은 범위에 걸쳐 지상의 어디에 무엇이 있는지 알 수 있도록 선이나 기호를 사용하여 기록한 것'이라고 한다면 고대 **바빌로니아의 점토판 지도**가 현존하는 것 중에서 가장 오래된 것으로 알려져 있다.

이밖에도 그린란드의 이누이트들은 어디에 무슨 섬이 있는지를 나무결이 부드러워 기록하기 쉬운 어린 나무에 새겼으며 미크로네시아 마샬 군도의 원주민들은 오늘날에도 충분히 사용할 수 있을 만한 해상 지도를 만들었다.

그 해상 지도는 야자나무 섬유에 조개 껍질을 붙여서 섬이나 산호초의 위치를 표시한 것으로 장거리 항해의 기준으로 삼았다.

즉 지도는 수렵(사냥) 생활이나 채집생 활 등의 필요성에 의해 생겨난 것이라고 할 수 있다.

바빌로니아 점토판 지도 고대 바빌로니아 점토판 지도는 4,500년 전의 것으로 태양열로 구운 점토에 나뭇가지로 그림을 그렸어요. 현재 대영박물관에 보관되어 있어요.

고대 바빌로니아의 점토판 지도

벨기에 지리학자 오르텔리우스가 그린 미국 지도

아시아를 중앙에 둔 최초의 지도

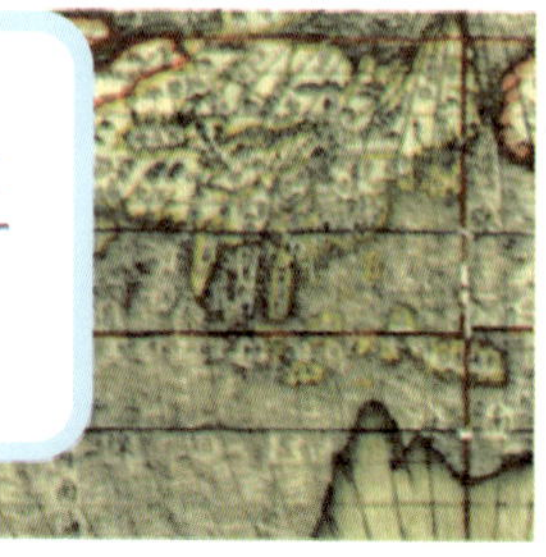

유럽의 세계 지도는 대서양을 중심으로 그려져요. 태평양을 중심으로 아시아를 중앙에 둔 최초의 세계 지도는 무엇일까요?

우리들이 보통 처음으로 보게 되는 세계 지도는 대개 태평양을 중앙에 두고 오른쪽에 남북 아메리카 대륙, 왼쪽에 유라시아와 아프리카 대륙, 중앙 하부에 오스트레일리아 대륙이 있는 것이다.

자기 나라가 지도의 중앙에 오는 것은 어쩌면 당연한 것으로 유럽에 가면 대서양이 중앙에 오도록 그려진 지도가 일반적이다. 단, 미국에서는 세계 지도의 제작이 유럽에서 발달했다는 이유로 유럽을 중심으로 그려진 것을 사용하고 있다.

한편, 아시아를 중심으로 한 지도를 최초로 만든 사람은 16세기 이탈리아 사람 마테오 리치(1552~1610)였다. 그가 **곤여만국전도**라 불리는 세계 지도를 만든 것은 당시 중국의 황제에게 유럽 중심이 아닌 중국을 중심으로 한 지도를 만들라는 지시를 받았기 때문이다.

또 지도의 중앙을 경도 0도로 하느냐 180도로 하느냐는 나라 사정에 따라 다르지만 메르카토르도법이 항공계, 해운계 등 여러 국제 조직에서 일반적인 세계 지도의 기준이 되고 있다.

마테오 리치 마테오 리치는 이탈리아 선교사로 중국에서 최초로 선교 활동을 한 인물이에요. 그는 명나라 황제에게 자명종, 대서양금 같은 신문물을 전함으로써 그의 총애를 입어 선교 활동을 허락받았어요. 그는 서양의 여러 문물을 중국어로 번역해 중국에 전해 주었어요.

곤여만국전도 명나라 말기에 중국으로 건너온 선교사 마테오 리치가 제작한 세계 지도로 1602년에 만들어졌다.
수학과 천문학을 공부한 그는 중국에 선교사로 와서 서양 학술을 소개하고 황실의 요청으로 〈곤여만국전도〉(1602년)를 만들었다. 〈곤여만국전도〉에는 중국이 지도의 중앙에 있으며, 지명은 한자로 표기되어 있다. 세계 지도 위에 천문학, 지리학적 설명이 덧붙여져 있다.

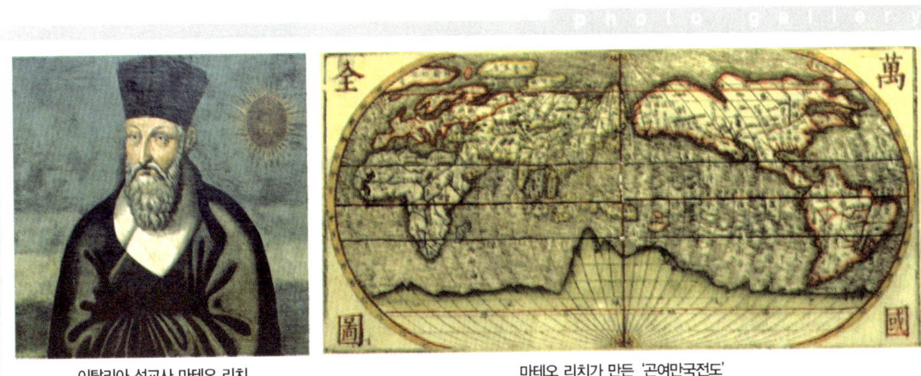

이탈리아 선교사 마테오 리치

마테오 리치가 만든 '곤여만국전도'

지구의 크기를 측정한 사나이

지구의 모양이 둥글다는 것을 인류가 안 것은 지금부터 3천 년 전인 고대 그리스 시대다. 그 후 기독교가 세력을 갖게 된 중세 유럽에서는 '지구는 평평하다' 라고 믿었던 시대도 있었다. 그러나 과학의 세계에서는 이미 기원전부터 지구의 크기를 알기 위한 시도가 이루어졌다.

지구의 둘레가 얼마나 되는지를 제일 처음 측정하여 확실한 숫자로 제시한 사람은 기원전 3세기 전반에 활약했던 **에라토스테네스**. 그는 이 측정으로 수학적 지리학의 창시자라는 이름을 얻게 되었다.

에라토스테네스는 프톨레마이오스 3세의 초대를 받아 이집트의 알렉산드리아에 살고 있었다. 그는 하지(夏至) 날에 위도가 다른 지역에서는 남중南中 천체가 지오선을 통과하는 것 태양의 남중은 정오(正午)에 해당함 시의 태양의 각도에 차이가 있다는 것을 깨닫고 그 각도를 근거로 지구의 원주를 계산했다.

각도를 측정하는 대상이 된 곳은 알렉산드리아에서 900km 남쪽에 있는 시에네. 이곳에서는 하짓날 남중 시에 태양이 머리 위에 수직으로 있었다. 그러나 같은 조건일 때 알렉산드리아에서는 태양의 각도가 7도 12분이었다. 에라토스테네스는 이 각도의 차이가 두 지역의 위도 차이가 될 것이라고 생각했다.

여기에서 나오는 수식(數式)으로 그가 측정한 지구의 둘레는 4만 5천㎞였다. 현대 천문학으로 얻어진 4만㎞와 비교해 볼 때 10퍼센트 정도의 오차를 보이는 것으로 상당히 정확한 측정이었다고 할 수 있다. 게다가 그가 측정지점으로 선택한 시에네는 북회귀선 가까이에 있는 지역으로 분명 하지의 남중 시에 태양이 거의 수직으로 머리 위에 온다. 만약 그가 북회귀선 근처의 시에네가 아닌 정확히 북회귀선^{북위 23°27' 의 위선 하지 때 해가 이 선의 바로 위에 옴} 위에 있는 지역을 선택해 태양의 각도를 측정했다면 그의 해답은 더 정확했을 지도 모른다.

에라토스테네스 에라토스테네스는 그리스의 수학자이면서 천문학자이고 지리학자예요. 지구 둘레의 길이를 처음으로 계산했어요. 지리상의 위치를 위도 · 경도로 표시한 것도 그가 처음인 것으로 알려져 있어요.

에라토스테네스   에라토스테네스가 했던 방법으로 지구의 크기를 측정하는 실험을 해 보는 학생들

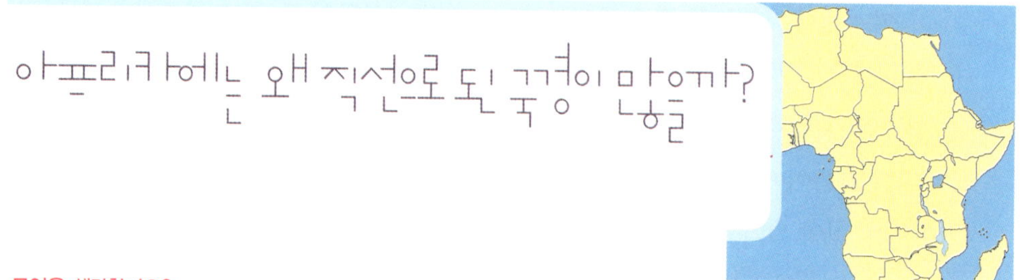

무엇을 생각할까요?

각 나라의 국경엔 그 나라의 역사와 말 못할 사연이 숨어 있어요. 아프리카나 북아메리카에는 직선으로 된 국경이 많은데 그 이유가 무엇일까요?

바다로 둘러싸인 섬 나라인 경우에는 굳이 여기가 국경이라고 말하지 않더라도 바다가 국경을 규정해 준다. 이것을 '자연적 국경'이라고 하는데 이처럼 산맥이나 강 등 인간이 생활하는 가운데 자연적으로 발생한 경계선이 기초가 된 국경이 많다.

그러나 아프리카의 지도를 보면 뒤얽혀 있기는 하지만 여기저기 국경이 직선으로 그어져 있는 부분이 있다. 이것은 '수리적 국경'이라고 하는데 인간의 삶과는 관계없이 인위적 조작이 가해져 생긴 국경선이다.

이 국경은 유럽의 여러 강대국들이 아프리카 대륙에 진출하여 세력 경쟁을 하던 시대의 잔재라고 할 수 있다.

각각의 나라가 먼저 차지한 사람이 임자라는 식으로 아프리카 각지를 식민지로 만들었던 19세기 말경, 영국, 프랑스, 독일 세 나라는 주도권을 잡고 멋대로 아프리카 대륙에 대한 분할 협정을 맺었다. 그때 편의적으로 그은 선이 기초가 된 국경이 적지 않다. 원주민들의 생활권이나 민족 세력이 고려된 경우도 없지는 않지만 극단적인 예로 지도 위에 자로 선을 그어서 국경을 결정하기도 했다.

특히 사막 같은 장소에서는 이런 경향이 강해 사하라 사막이나 칼라하리 사막은 직선으로 쭉 그어서 구분짓고 있다.

비슷한 경우는 미국·캐나다 국경이나 아프리카의 주 경계선에서도 볼 수 있는데 이것도 미국이 합중국으로서 독립한 후 기계적인 국경선 긋기가 이루어졌기 때문이다. 이처럼 국경에는 그 나라의 굴곡 많은 역사가 그대로 숨겨져 있다.

북극점에서 나침반 바늘은 어떻게 될까?

지구상에는 남북 각각에 세 개의 극이 존재해요. 지리학적 극점, 자축극, 자극. 만약 북극점에 서면 나침반 바늘은 어디를 가리킬까요?

지구는 공 모양으로 자전축을 중심으로 돌고 있다. 그 지축이 지표와 교차하는 지점이 북극과 남극이다.

그런데 실제의 지축 지구의 회전축으로 지리학적으로는 남극과 북극을 관통하는 축 은 북극점과 남극점을 통과하고 있는 것이 아니라 조금 빗나간 지점을 지나고 있다. 지도에서 말하는 위도 90도, 경도로는 표기되지 않는 북극·남극은 지리상의 극점이다. 즉 북극점은 과학적으로는 지구의 제일 북쪽 끝이 아니라는 것이다.

그러면 제일 북쪽 끝은 어디일까? 지구상에는 남북 각각에 세 개의 극이 존재한다.

위도 90도의 극점이 '지리학적 극점'이라면 지구 전체의 자장을 막대자석 같은 완전한 쌍극 자장이라고 생각했을 때 자장의 극에 해당하는 지점이 '자축극(磁軸極)'이다.

또 지상에 위치한 자석의 바늘이 가리키는 방향은 '자극(磁極)'이라고 불린다. 그리고 이 자극의 위치는 매년 조금씩 바뀐다고 한다. 그러니까 지구는 '지리학적 극점'을 비롯해 '자축극'과 '자극' 등 규정하는 방법에 따라 세 개의 극점을 갖고 있는 셈이다.

　등산이나 하이킹을 할 때 사용하는 방위자석(나침반)은 어디에 가든 바늘 끝이 북쪽을 가리키게 되어 있다. 이것을 북자극에 놓으면 바늘은 대체 어디를 가리킬까? 이런 궁금증을 가진 사람들이 많았는지 실제로 실험을 해 봤는데 나침반의 바늘은 어디를 가리키면 좋을지 정하지 못한 채 그저 빙글빙글 계속 돌기만 한다고 한다.

날짜 변경선은 왜 비뚤비뚤할까?

날짜 변경선을 중심으로 동쪽과 서쪽에서 날짜가 하루 달라져요. 그런데 날짜 변경선은 똑바른 직선이 아니라 비뚤비뚤하게 그려져 있어요. 날짜 변경선이 똑바르지 않고 이렇게 비뚤비뚤한 이유는 무엇일까요?

지도의 중앙, 태평양의 한가운데를 양분하듯 그어져 있는 것이 '국제 날짜 변경선' 이다. 대개 경도 180도의 선을 따라 그어져 있기는 하지만 도중에 불규칙하게 구부러지거나 지그재그로 되어 있다. 이것은 태평양에 여기저기 점점이 흩어져 있는 섬들이 어느 나라의 소유지인가, 또는 어느 나라의 경제권에 소속되어 있느냐에 따라 그 나라의 표준시에 맞춰 **날짜 변경선**을 그었기 때문이다.

24시간을 주기로 1회 자전하는 지구는 그 지상에 있는 나라들에게 시차를 초래한다. 지구의 360도를 24시간으로 나누어 경도 15도마다 한 시간씩 차이가 나게 한 것이 시차이다.

각각의 나라는 경도 0도인 '**그리니치** 표준시'를 기준으로 나누기 편한 시차를 결정, 자기 나라의 표준시를 정하고 있다. 미국처럼 동서로 넓은 나라는 같은 국내에서도 동부와 서부가 다른 표준시를 사용하는데 가령 뉴욕과 로스엔젤레스는 3시간의 시차가 있다.

　한편 180도선에 걸쳐서 흩어져 있는 섬 나라 등이 '그럼 여기에 똑바로 선을 그어서 여기서부터 동쪽은 어제, 서쪽은 오늘로 하자.'고 임의로 정해 버리면 같은 나라인데 이 쪽 섬은 전날 밤, 옆의 섬은 오늘 밤이 된다. 이렇게 되면 일상 생활은 물론 은행의 결제일과 같은 경제면에서도 혼란이 생기지 않을 수 없다. 이런 불편을 피하기 위해 날짜 변경선이 지그재그로 그어진 것이다.

지리 속으로 점프!

날짜 변경선 날짜를 변경하기 위해 편의상 설정한 경계선을 날짜 변경선이라 한다. 태평양의 거의 중앙부, 대략 경도 180° 선을 따라 남북으로 설정되어 있다. 이 선을 경계로 동쪽과 서쪽에서 날짜가 하루 달라진다.
지구 자전에 의한 평균 태양시는 지구상의 각 지점마다 차이가 생기는데, 그 차이는 경도 15°에 대하여 한 시간 비율로 동쪽으로 갈수록 앞서 간다.
이러한 모순을 해소하기 위해서 경도 180° 부근에 사람이 살고 있는 육지를 피해서 날짜 변경선을 설정했다. 이 선을 서쪽에서 동쪽으로 지날 때는 같은 날짜를 반복하고, 동쪽에서 서쪽으로 지날 때는 하루를 더해야 한다.
사람들이 살고 있는 섬들을 피해 선을 그었기 때문에 날짜 변경선은 지그재그로 그어져 있다.

그리니치 천문대

그리니치 천문대의 세계표준시를 나타내는 시계

지도에서 하얀 부분 무엇일까?

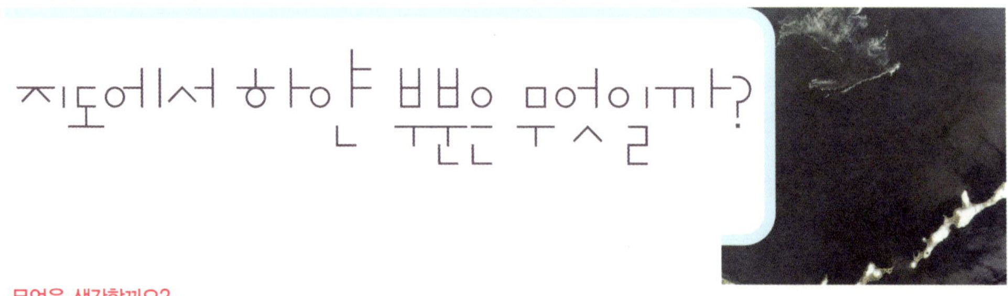

세계 지도에서 색이 칠해져 있지 않은 지역은 아직 땅 주인이 가려지지 않은 곳이에요. 즉, 영토 분쟁이 해결되지 않은 곳이에요. 어디가 이렇게 영토 분쟁으로 시끄러운 걸까요?

세계 지도를 자세히 보면 어쩐 일인지 색이 칠해져 있지 않은 지역이 존재한다. 이곳이 바로 사할린 남반부와 쿠릴 열도다.

아무래도 러시아와 일본 간의 북방 영토 문제가 얽혀 있다고 상상할 수 있겠지만 그렇다면 왜 이투루프, 크나시르, 시코탄, 하보마이의 섬들은 일본과 같은 색으로 칠해져 있는 것일까.

북방 영토 문제는 1856년에 있었던 러·일 조약까지 거슬러 올라간다. 조약 당시 두 나라는 이투루프 섬과 우루프 섬 사이의 해협에 국경을 정했다.

이후 1961년의 **샌프란시스코 강화조약**으로 일본은 사할린과 쿠릴 열도를 소련에게 넘겨 주게 되었다. 이때 문제가 된 것이 1856년 정한 국경. 일본은 그 때 정해진 국경에 의해 4개의 섬은 반환 영역에 포함되지 않는다고 주장하고 있고 소련은 반대로 국제연합의 양해를 얻어 이 섬들도 인수했다고 주장하고 있다.

　　러시아와 일본 간의 영토 분쟁은 지금도 계속되고 있다. 그래서 지도를 제작하고 있는 회사는 사할린과 쿠릴 열도는 일본과 러시아의 영토 문제가 아직도 교섭 중이라는 의미로 하얗게 놓아둔 것이다.

샌프란시스코 강화조약 제2차 세계대전의 종료를 위해 연합국과 일본과 맺은 평화 조약이에요.

샌프란시스코 강화조약에 서명하는 일본 천황　　　　　　공중에서 찍은 쿠릴 열도 주변 지형

지도 우표 때문에 전쟁한 두 나라

많은 곳에서 영토 분쟁이 있지만, 특이하게도 우표에 그려 넣은 지도가 문제가 되어 무려 29년간이나 전쟁을 한 나라가 있어요. 우표에 어떻게 지도를 그렸길래 긴 시간 전쟁을 치룬 걸까요?

어느 나라에도 우편 사업은 대개 국가의 사업으로 되어 있고 그에 따른 우표 발행도 국가가 책임지게 된다. 그런 만큼 만약 우표에 인쇄된 내용에 실수가 있으면 국가적 수치다.

수치 정도라면 또 괜찮은데 이것이 국제 분쟁의 원인이 되는 일도 있다. 예를 들면 각국이 자기 나라의 지도를 우표의 그림으로 도입한 '지도 우표' 라는 것이 문제가 된 경우이다.

자연적인 국경인 바다로 둘러싸인 나라라면 국경선이 문제가 되는 일은 별로 없지만 계속 육지로 이어져 옆 나라와 국경을 마주하고 있는 나라가 자기네 나라라고 그린 지도에 오차가 있다면 그것은 영토 침범 주장으로 받아들여지게 된다.

1900년에 도미니카에서 발행한 지도 우표는 도미니카와 아이티로 나뉘어 있는 히스파니올라 섬을 전부 자국의 영토인 것처럼 그려 넣었다. 이에 분노한 아이티가 도미니카에 선전포고를 했고 두 나라는 29년간이나 전쟁의 소용돌이에 빠져들고 말았다. 이 전쟁은 주변 여러 나라의 주선으로 간신히 정전이 되었는데 이후 두 나라의 정전을 기념해 경계선을 제대로 그린 우표가 도미니카에서 발행되었다.

또, 1924년에는 남미의 파라과이와 볼리비아가 그란차코 지방의 귀속을 둘러싸고 분쟁에 휩싸였다. 두 나라는 각자 이 지방을 자기네 나라에 넣은 지도 우표를 발행하여 영유권을 주장했다. 파라과이는 그란차코 지방의 대형 지도 우표에 '현재도 앞으로도 우리들의 것'이라고 새겨 넣었고 이를 본 볼리비아는 이 지방이 포함된 31종류나 되는 지도 우표를 발행해 이에 응전했다. 두 나라의 분쟁은 이후 미국의 중재로 간신히 해결되었지만 두 나라 사이에 씁쓸한 과거를 남겼다.

이밖에도 남극의 영유권 주장, 페루와 에콰도르, 온두라스와 엘살바도르 등 지도 우표가 계기가 된 국경 분쟁은 수없이 발생해왔다. 작은 우표 한 장에 그려진 겨우 몇 mm의 차이라고는 하지만 당사국으로선 결코 간과할 수 없는 일인 것이다.

도미니카의 수도 산토 도밍고

아이티의 도시 풍경

캡틴 쿡이 만난 '몰라요'라는 동물

캡틴 쿡이 오스트레일리아를 발견한 것은 1770년이다. 그는 1728년 영국에서 농민의 아들로 태어났지만 해군에 입대, 독학으로 항해술과 수학을 익혔다. 그 지식을 인정받아 '지구의 평형이 유지되고 있는 것은 남반구에도 대륙이 있기 때문'이라는 학설의 입증을 위해 태평양으로 탐험 항해를 떠나라는 명령을 받았다.

그는 오스트레일리아 발견에 이어 아프리카를 경유하는 동진 항해에도 성공, 피지 군도와 하와이를 발견했고, 북극해에도 도달하는 등 실로 7대 해협을 제패한 탐험계의 원조라고 할 수 있다.

그 캡틴 쿡이 처음으로 오스트레일리아에 상륙했을 때 북반구에서는 본 적이 없는 동물을 발견했다. '저 동물의 이름이 뭡니까?' 하고 원주민에게 묻자 동물의 이름을 알지 못했던 원주민은 '몰라요'라고 대답했다. 그러나 캡틴 쿡은 원주민의 '몰라요'라는 대답을 그 동물의 이름으로 들었고 이후 미지의 동물은 '몰라요'라고 하는 다소 희한한 이름을 얻게 되었다. '몰라요'는 그들 말로 '캥거루'였다.

쿡선장의 초상화

쿡선장의 죽음을 묘사한 그림

캥거루

동방견문록은 누가 썼을까?

동양을 유럽에 소개한 《동방견문록》의 저자 마르코 폴로가 실제로 중국을 방문했는지, 《동방견문록》의 저자가 과연 마르코 폴로인지는 지금까지 연구가들 사이에서 논의되어 왔다.

그도 그럴 것이 《동방견문록》이 나온 13세기는 직접 손으로 글씨를 써서 책을 만들던 시기인 데다가 이 책은 무려 120종이 넘는 필사본이 제작되었으므로 쓰는 이가 내용을 덧붙였을 가능성도 있다. 실제 이 책에 기록된 내용 중 사실(史實)과 맞지 않는 다소 과장된 내용도 있기 때문이다.

그렇다면 《동방견문록》은 마르코 폴로가 직접 집필한 것이었을까? 여기서 중요하게 등장하는 인물이 바로 루스티켈로다. 그는 중세 기사도 이야기를 쓴 작가로 대표작으로는 《아더왕의 전설》《원탁의 기사》가 있다. 루스티켈로와 《동방견문록》, 그리고 마르코 폴로 사이에는 무슨 일이 있었던 것일까?

1295년 마르코 폴로는 베네치아와 제네바 간에 벌어진 전쟁에 참여하게 된다. 그리고 제네바의 포로로 잡혀 감옥에 갇히는 신세가 되고 말았다. 이때 감옥 안에서 만난 사람이 바로 피사 출신의 작가였던 루스티켈로였다. 감옥 안에서 만난 두 사람은 마르코 폴로가 중국에 가서 겪었던 이야기를 들려주면 루스티켈로가 이를 받아 적는 작업을 해 나갔다. 이렇게 해서 탄생한 것이 바로 《동방견문록》이다.

마르코 폴로의 초상화

중국 황제를 배알하는 마르코 폴로

동·서양 교역의 길목이었던 실크로드를 묘사한 그림

05 알쏭달쏭 궁금한 세계

버뮤다 삼각지대의 미스터리

버뮤다 삼각 해역을 마의 삼각지대라 불러요. 도대체 이 지역에서는 어떤 일들이 벌어지고 있는 걸까요?

스스로 '세계에서 가장 바쁜'이라는 이름의 간판을 내건 구조기지는 US코스트가드의 마이애미 기지다. 이 해난구조 기지의 출동 횟수는 연간 3,700회 정도로 하루 평균 10회 이상이다.

이렇게 바쁜 이유는 플로리다 반도 부근의 기후가 자주 바뀌기 때문이다. 쾌청하고 조용했던 바다가 갑자기 거칠어지는 일이 많은데 파도가 높아지면 조그만 레저 보트 따위는 잠시도 버티지 못한다. 게다가 반도 앞바다를 북상하는 멕시코만의 물살이 엄청나게 빨라 요트가 뒤집히는 일이 자주 있다.

그런가 하면 '남편이 낚시 갔는데 돌아오지 않아요!' 라는 SOS신호를 받고 출동해 보면 연료를 다 써서 돌아오지 못하고 있다거나 돌아오는 방향을 잃었다는 사람도 있다.

그러나 이런 사고 가운데 5퍼센트 정도는 원인도 알 수 없고 손도 쓰지 못한 채

수수께끼로 남아 있다. 어쩌면 마이애미와 푸에르토리코 동쪽 해상, **버뮤다**섬을 중심으로 사르가소 해를 잇는 '마의 삼각지대'에 먹혀 버린 것인지도 모른다.

　　15세기 이후 수많은 배가 행방불명되었으며 20세기에 들어와서는 여객기나 전투기가 행방불명되는 사고가 이어지고 있는 곳이 바로 이 '마의 삼각지대', 일명 '버뮤다 트라이앵글'이다.

비행기 실종사건이 많이 일어난 버뮤다 삼각지대　　　　　사르가소 해의 모습

철새처럼 계절마다 이동하는 나비

계절에 따라 살 곳을 바꾸어 사는 새를 철새라 해요. 그런데 나비도 계절에 따라 사는 곳을 달리하는 나비가 있다네요. 어떤 나비일까요?

철새는 신기하지 않지만, '철나비'는 세계에 그 예가 별로 없다. 철나비는 영어명으로 '**모나크 나비**' 즉 '제왕 나비'라고 하는데 오렌지색과 검은색으로 몸 길이는 5cm 정도이며 북미 대륙 전체에 분포해 있다.

북미대륙의 나비는 9월초부터 남미대륙으로 이동하기 시작한다. 수백만 마리가 무리를 지어 이동하는데 길이는 3km, 폭은 200m나 된다.

이 북미 대륙에 있는 나비 중 로키 산맥 서쪽에 있던 무리는 캘리포니아주 몬트레이를 향해 가고 동쪽에 있던 무리는 멀리 멕시코의 산악지대, 해발 3,300m의 지대에 퍼져 있는 숲으로 향한다. 게다가 이 무리는 봄이 되어 번식기가 되면 4,000km 떨어진 캐나다를 향해 이동한다고 한다.

이런 제왕 나비의 월동지 5곳이 보호구역으로 지정되어 있다. 일반인도 방문할 수 있는 곳은 멕시코 중부의 미초아칸주 앙강게오 마을과 오칸포 마을 두 곳이다. 멕시코시티에서 자동차로 3시간 남짓한 산촌 마을, 앙강게오 마을에는 3km 정도의 산길을 걸어 들어간 삼림 속에 약 300헥타르의 보호 구역이 있다. 이 안에서는 채집은 물론 플래쉬 촬영도 금지되어 있다. 마음대로 돌아다니는 것도 허락되지 않고 그곳 주민이 만든 관리조합원의 가이드가 동행해야 가능하다. 그 외에도 전문감시원이 항시 돌아다니며 감시하고 있다고 한다.

매년 나비들이 오는 장소는 정해져 있어 태양의 위치와 땅의 자기(磁氣)를 기준으로 이동하는 것이 아닐까 추측하고 있지만 정확한 이유는 밝혀지지 않고 있다. 단, 봄에 떠난 나비가 가을 바람과 함께 돌아올 때 그것은 4대 후의 자손이라고 한다.

모나크 나비 철나비로 불리는 모나크 나비는 해마다 11월쯤 원래 서식지인 캐나다에서 멕시코로 이동해 겨울철을 보낸 뒤 3월말쯤 미국을 거쳐 캐나다로 다시 돌아간다고 해요.
캐나다의 모나크 나비떼가 캐나다에서 멕시코 중부지방까지 약 5천㎞를 이동한다는 사실은 지난 1970년대 중반 환경과학자들이 밝혔어요. 그러나 나비떼가 어떻게 그토록 먼 거리를 날아와 정확히 미초아칸주와 멕시코주에서만 겨울철을 보내는지는 아직도 연구과제로 남아 있어요.
미국과 캐나다 정부는 미초아칸 지방의 원주민들이 수년 전부터 생계를 위해 산림을 함부로 베는 등 나비떼의 서식 환경을 훼손하는 일이 잦자 모나크 나비의 보호를 위해 해마다 500만 달러 이상을 멕시코 정부에 지원, 원주민들의 생계를 돕는 한편 환경감시활동을 지원하고 있어요.

멕시코 미초아칸의 모나크 나비

미초아칸 지역의 사람들

국경이 나누어 놓은 형제 섬

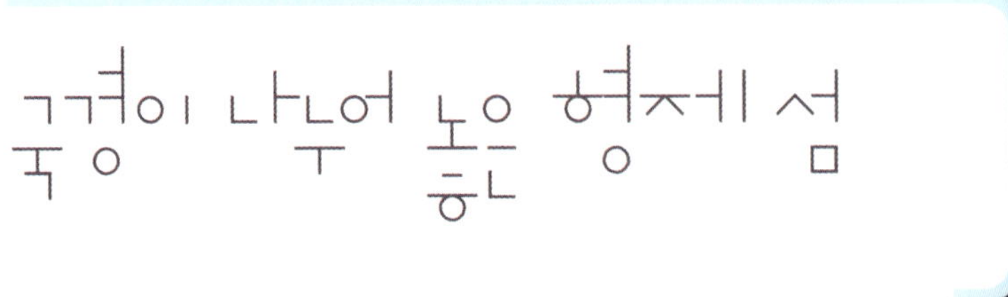
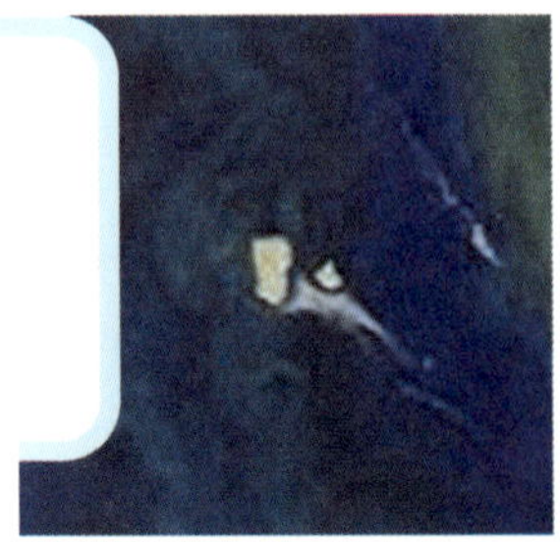

이름도 생김새도 같지만 바다를 사이에 두고 서로 다른 나라에 속한 형제 섬이 있어요. 무엇이 그들을 갈라 놓았을까요?

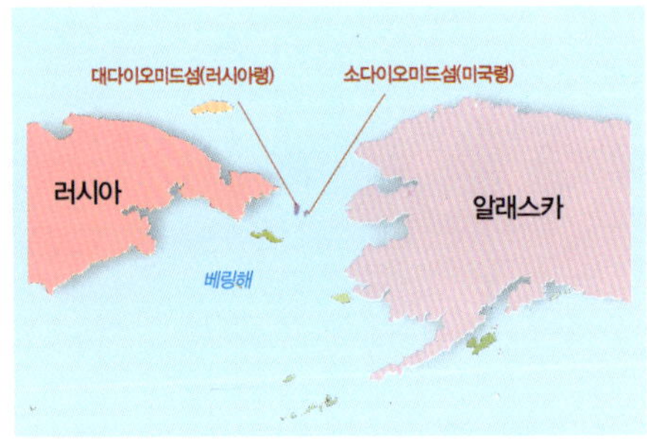

유라시아 대륙과 북미 대륙 사이에 가로놓인 태평양의 최북단에 있는 곳이 **베링해**다. 서쪽으로는 러시아의 데지네프 곶, 동쪽으로는 알래스카의 웨일스 곶이 튀어나와 있어 일찍이 동서 냉전시대의 2대 거두인 두 나라가 마치 뿔을 마주 세운 형국으로 되어 있다.

이 두 개의 뿔 사이에 있는 바다가 베링 해협으로 그 중앙에 형제처럼 두 개의 섬이 떠 있다. 동쪽이 소다이오미드섬, 서쪽이 대다이오미드섬으로 이름도 형제 같다.

그러나 이 두 섬 사이에는 국경이 있어 큰 쪽이 러시아령, 작은 쪽이 미국령으로 완전히 분리되어 있다.

또 날짜 변경선도 두 섬을 절단하듯이 남북으로 똑바로 그어져 있다. 8월부터 10월까지 이리저리 흘러다니는 얼음 덩어리로 뒤덮여 있는 베링 해협은 똑같이 아침을 맞이해도 한쪽은 아직 어제, 또 다른 한쪽은 오늘 아침이다.

냉전 시대 당시 이 지역은 중요한 군사거점으로써 섬 상공의 비행이나 사진촬영이 금지되어 있었다. 그러나 냉전시대가 종식되면서 긴장이 감돌던 두 섬도 이제는 해빙기를 맞았다.

베링해 베링해는 북태평양 북부에 있는 바다로 바다의 거의 중앙부를 날짜 변경선이 통과하고 있어요. 이 바다를 최초로 발견한 사람
은 1648년 러시아의 주뇨네프였으나 현재의 명칭은 1728년 이곳을 항해한 러시아의 탐험가 베링의 이름을 따 지었어요. 베링은 시베
리아와 아메리카 대륙이 육지로 연결되어 있는지를 확인하기 위해 탐험길에 올랐는데 두 대륙 사이에 해협이 존재한다는 걸 확인했
고 훗날 베링의 이름을 따 베링 해협이 되었어요.

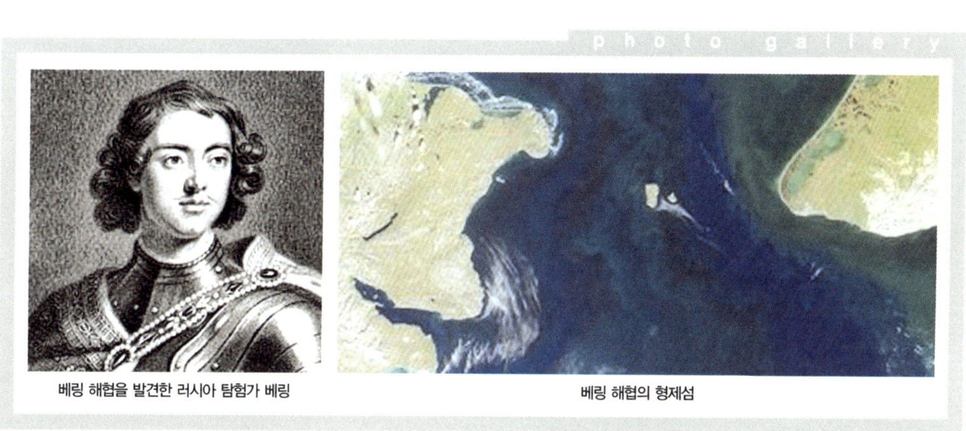

베링 해협을 발견한 러시아 탐험가 베링

베링 해협의 형제섬

다윈에게 진화론을 알려준 섬

무엇을 생각할까요?
사람들의 발길이 닿지 않아 자연의 법칙이 그대로 지켜져온 곳이 바로 갈라파고스섬이에요. 이 섬에서 다윈은 무엇을 발견했을까요?

다윈이 '**진화론**'을 확립한 계기가 되었던 섬으로 이름 높은 **갈라파고스 제도**는 적도 바로 밑, 에콰도르 본국에서 멀리 떨어진 태평양에 있다. 지금도 특이한 자연 형태를 간직하고 있어, 연간 4만 명의 관광객이 이곳을 찾는다.

몇십 년 전에는 인간이 데리고 온 개가 야생화되어 생태계를 파괴할 뻔하기도 했고 이구아나 통구이를 먹거나 또 코끼리 고기와 거북이 알까지 귀한 음식으로 먹었다고 한다.

그러나 현재는 생태계를 유지하기 위해 철저히 자연을 보호하고 있다. 이 일대는 국립공원으로 지정되어 누구나 가이드를 동반한 여행에 참가할 수 있지만 지정 보도에서 한 걸음도 벗어나선 안 되고 동물을 만지는 것도 허락되지 않는다. 귀엽다면서 만지면 동물이 사람에게 길들여져 다른 종(種)처럼 되어 버릴 가능성이 있기 때문이다.

그만큼 종의 보호에 엄격하여 길가의 작은 돌멩이 하나 움직이는 것도 금지사항이다. 사람의 손이 그 주변에 떨어져 있을지 모를 식물의 종자를 이동시켜 버릴 수도 있기 때문이라고 한다.

　　또한 섬에 들어갈 때나 나올 때는 의무적으로 구두의 흙을 털어내야 한다. 구두에 묻은 진흙 속에 종자가 붙어 있다면 섬에 불필요한 것을 들여오기도 하고 가져갈 수도 있기 때문이다.

갈라파고스 제도 갈라파고스 제도는 남아메리카 동태평양에 있는 크고 작은 16개의 섬으로 이루어진 제도로 에콰도르에 속해 있어요. 1535년 스페인의 데 베를랑가가 발견했는데 당시엔 사람들이 살지 않는 무인도로 큰 거북이만 살고 있었대요. 스페인어로 거북이는 '갈라파고스'라고 하기 때문에 갈라파고스 제도란 이름으로 불리게 되었어요.
1835년 영국의 생물학자인 다윈이 비글호로 이 제도를 탐험한 이래 그 독특한 생물상이 널리 알려졌는데 이런 생물들이 다윈에게 진화론의 착상 동기를 주었다고 해요. 1934년 이후 동물보호구역으로 지정되어 고유생물들을 보존하고 있어요.

지리 속으로 점프 !

다윈의 진화론 다윈은 '종의 기원'이라는 책을 통해 진화론을 주장했다. 고대 자연철학자들은 생물은 창조된 후 변화하지 않는다고 생각했다. 그러나 다윈은 생물이 진화한다는 사실을 구체적으로 설명했다.
다윈은 생물이 같은 부모에게 나온다 할지라도 개체마다 변이를 나타낸다고 주장했다. 그 여러 가지 변이체 중에서 환경에 가장 알맞은 것이 자손을 더 많이 남기고, 시간이 지나면서 환경에 잘 적응된 생물체들이 쌓여 진화가 이루어진다는 것이 자연선택설이다.
다윈은 자연선택설을 주장했을 뿐만 아니라 진화를 증명할 수 있는 생물학상의 사실적인 예도 많이 들어 생물 진화를 사람들에게 확신시키는 데 이바지했다.

갈라파고스에 서식하는 여러 동물들. 왼쪽부터 코끼리 거북, 바다 이구아나, 갈라파고스 펭귄이다.

물이 떨어지면서 사라지는 폭포

폭포가 너무 높으면 물이 아래까지 떨어지지 못해요. 도대체 얼마나 높길래 아래서 떨어지는 것을 볼 수 없는 걸까요?

세계 3대 폭포라고 하면 나이아가라(북미), 이과수(남미), 빅토리아(아프리카)를 들 수 있다. 모두 풍부한 수량을 자랑하고 있지만 낙차 물이 흘러 떨어지는 높이 는 그리 큰 것이 못 된다.

낙차라는 면에서 세계 최고를 자랑하는 것은 남미 베네수엘라의 엔젤 폭포로 무려 979m, '아우양테프이(악마의 산)'라고 불리는 테이블 모양의 대지에서 보면 한 줄기의 실처럼 흘러 떨어지는데 아래쪽으로 가면서 사라지는 것처럼 보인다.

이것은 너무 높은 곳에서 물이 낙하하기 때문에 아래쪽 산 벽에 닿아 부서져서 안개처럼 퍼져 땅에까지 떨어지지 않기 때문이다.

폭포 아래에는 커다란 웅덩이가 패어 있어 거기에서부터 강이 시작된다.

이 폭포가 있는 **기아나 고지**에는 '테이블 마운틴'이라고 불리는 산들이 있다. 깎아지른 듯한 절벽으로 둘러싸인 대지 모양의 산 정상에는 5억 년쯤 전부터 독자적으로 진화한 생태계도 볼 수 있다. 엔젤 폭포도 1935년에 발견되기까지는 존재가 알려지지 않은 채 산기슭에 안개를 퍼트려왔다.

기아나 고지 기아나 고지는 남아메리카 대륙의 콜롬비아에서 베네수엘라에 걸쳐 있는 고지로 넓은 구릉성의 산지예요. 엔젤 폭포를 비롯한 많은 폭포가 있어요. 밑에 그림을 보면 정말 산 정상이 테이블처럼 되어 있죠? 그 주위로 수많은 폭포들이 있답니다.

기아나 고지   테이블 마운틴   엔젤 폭포

계속 자라고 있는 빙하

무엇을 생각할까요?
세계에서 단 한 곳! 지금도 계속 성장하는 빙하가 있어요. 봄이 되어 녹을 때는 아름다운 광경을 연출한다고 해요. 어디에 이런 빙하가 있는 걸까요?

얼음으로 둘러싸인 땅이라고 하면 아무래도 알래스카나 그린란드를 떠올릴 테지만 흰색 대지가 펼쳐진 곳은 북반구뿐만이 아니다.

남반구에도 고위도 지대에는 1년 내내 빙하로 뒤덮인 곳이 있다. 게다가 그 중에는 세계에서 단 하나, 지금도 계속 성장하고 있는 빙하가 있다.

남미 아르헨티나의 파타고니아 평원, **아르헨티노 호수**의 페리토모레노 빙하가 그것이다. 이 부근에는 좀더 큰 빙하도 있지만 이곳을 방문하는 여행자의 대부분은 페리토모레노 빙하가 연출하는 장엄하고 아름다운 광경을 구경하기 위해 몰려든 사람들이다. 그것도 겨울에서 봄에 걸친 해빙 시즌에 집중된다.

겨울 동안 아르헨티노 호수 기슭 가까이까지 밀려오듯 성장한 빙하가 봄이 되면 무너져 호수에 떨어지는 광경은 가히 자연의 경이를 느끼게 해줄 정도로 장관이다. 빌딩 하나 크기의 커다란 얼음덩이가 특유의 빛을 반짝이며 무너져 내리는 경관은 자연이 만들어내는 아름다운 파노라마라고 할 수 있다.

남위 50도 부근은 북반구 쪽에서 보자면 캐나다의 밴쿠버나 프랑스의 파리와 같은 위도지만 이곳은 유독 눈이 많이 내린다. 그 눈이 만년설 언제나 녹지 않고 쌓여 있는 눈 이 되어 빙하를 성장시키고 눈이 녹는 계절에는 또 다른 드라마를 연출한다.

아르헨티노 호수 아르헨티노 호수는 아르헨티나 남부 파타고니아 지방의 안데스 산맥 동쪽 기슭에 있는 빙하호예요. 페리토모레노 빙하의 활동이 활발하여 호수 안에 1km 정도 침입한 빙하의 끝이 때때로 큰 소리를 내면서 떨어져 빙산을 형성하기도 해요.

아르헨티노 호수의 페리토모레노 빙하

남극에서 온천하기

무엇을 생각할까요?

가장 추운 지방을 꼽으라면 아마 남극을 생각할 수 있을 거예요. 그런데 남극에서 온천욕을 할 수가 있대요. 어떻게 이런 일이 가능할까요?

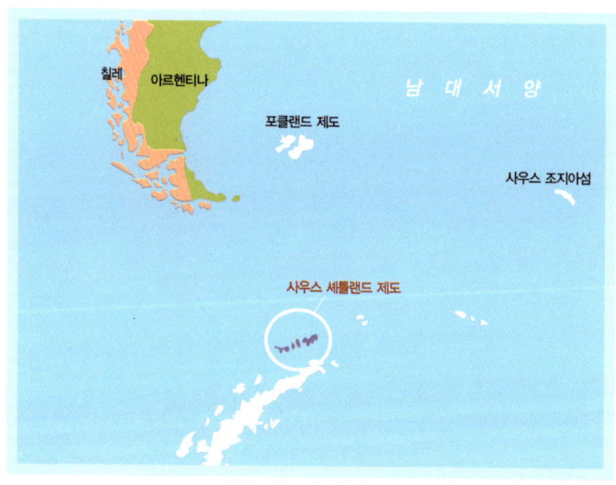

남극과 북극은 하얀 얼음으로 뒤덮여 있다는 점에서는 같지만 남극에는 대륙이 있다는 것이 북극과의 커다란 차이점이다. 대륙에는 산이 있고 산이 있으면 계곡도 있다. 몇천 년 동안이나 계속 눈이 내리고 그것이 쌓이고 단단해져 얼음이 된 것이므로 전체가 흰 설원으로 보여도 그 밑에는 흙과 바위가 있다.

그리고 산이라면 화산도 있다. 남극 반도 끝에 있는 **칼데라**형 화산섬, **디셉션섬**이 그것이다. 남위 63도, 서경 60도, 남미의 포클랜드 제도에서 남하한 부근에 위치하고 있다.

칠레 앞바다에 있는 화산대와 연결된 부분으로 해저 화산의 정상이 바다 위로 얼굴을 내민 이 섬에는 영국, 아르헨티나, 칠레 3국이 관측기지를 두고 있다.

실제로 분화도 있었다. 1967년에 해저와 육지 양쪽에서 화산이 폭발하여 3국의 기지가 파괴되었을 정도였다. 이후 1970년경까지 여러 번의 분화가 있어 상당히 떨어진 기지에까지 화산재가 내렸다.

이 섬에서는 지금도 지열에 의한 증기가 피어오르고 섬의 후미진 곳인 텔레폰 만에는 온천이 솟고 있다. 해수욕을 할 수 있을 정도로 수온이 높은 곳도 있고 파도가 치는 곳에서 몇 미터 떨어진 곳에 아주 적당한 온천수가 띠 모양으로 샘솟기도 한다.

남극이라고 하면 기상관측을 위한 연구원만 가는 땅이라는 느낌이 들지만 최근에는 관광객이 늘고 있으며 특히 이곳이 가장 큰 인기를 끌고 있다.

디셉션섬 디셉션섬은 남극 사우스셰틀랜드 제도에 딸린 섬이에요. 사우스셰틀랜드 제도는 1819년 영국인 W.스미스가 발견했으며 영국령에 속해 있어요. 디셉션섬은 이 제도의 주 섬이에요.

지리 속으로 점프 !

칼데라 화산 지역에 있는, 화구 모양의 웅덩이를 칼데라라고 한다. 칼데라는 세계 각지 화산 지형에서 볼 수 있는데, 일반적인 화구는 지름 1km 이내인 데 비해 칼데라는 지름이 3km 이상이다. 원 모양이며 주위에 급한 언덕이 만들어져 있다. 구조상으로는 소용돌이 모양의 분화구다.
스페인어로 냄비라는 뜻으로 처음에는 카나리아 제도 화산섬 웅덩이에 붙여진 이름이었으나 지금은 보통명사로 쓰인다.

디셉션섬   칼데라형 화산섬

성모마리아가 나타난 기적의 성지

파티마라는 마을에 성모 마리아가 나타나 세 가지 예언을 했다고 해요. 두 가지는 벌써 예언대로 행해졌는데 그렇다면 세 번째 예언은 무엇일까요?

예수 그리스도와 관계된 장소라고 하면 태어난 고향인 나사렛이라든가 십자가에 못박힌 예루살렘의 골고다 언덕 등이 있다. 《성서》에는 그가 행한 수많은 기적이 쓰여 있는데 그의 사후에 어떤 일이 일어나서 그곳이 성지가 되거나 기적이라고 불리는 경우는 거의 없다.

그러나 그의 어머니인 성모 마리아의 경우는 여기저기에 모습을 나타내 영혼을 구원했다는 에피소드가 전해온다. 그 중 하나가 포르투갈의 **파티마**라는 마을이다.

1917년 5월 13일, 이 마을의 세 어린이 루치아, 야신타, 프란시스코 앞에 흰 망토 차림의 성녀가 나타났다. 그 후 반 년 동안, 매월 13일이 되면 모습을 나타내 '세 가지 예언'을 했다. 마지막 10월에는 자신이 성모 마리아라는 것을 밝히고 이곳에 성당을 건립하라고 했다. 그 '세 가지 예언'은 첫째 당시 한창 전쟁 중이던 제1차 세계대전이 곧 끝날 것이라는 것, 둘째 제2차 세계대전이 발발할 시기에 대해서였는데 이 두 가지는 예언대로 맞았다.

　　나머지 '제3의 예언'은 지금도 바티칸 내부 깊숙한 곳에 봉인된 채 공표되지 않고 있는데 그것을 공표하면 큰 혼란이 일어날 것이기 때문이라고 한다.

　　성모 마리아의 명으로 지어진 파티마 성당에서는 매년 2회, 5월과 10월의 13일에 대제가 행해지고 있으며 로마 교황을 비롯, 각지에서 많은 순례자가 찾고 있다.

파티마 파티마는 포르투갈에 있는 작은 마을로 1917년 5월부터 10월까지 매달 13일이 되면 3명의 어린 목동 앞에 성모 마리아가 나타났다는 유래 때문에 순례지로 유명해졌어요. 지금은 대성당이 건립되어 해마다 많은 순례자들이 이곳을 찾는답니다.

파티마 대성당　　　　　성모 마리아를 본 세 어린이　　　　　성모 마리아의 재림을 지켜보는 파티마 주민들

에콰도르의 세계적인 장수 마을

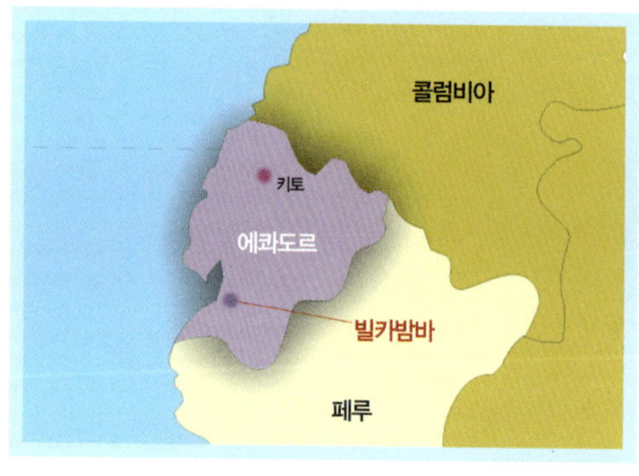

사람의 수명에 대한 여러 가지 연구가 행해지고 있는 요즘, 세계 3대 장수 마을에 대한 연구도 활발하게 진행되고 있어요. 과연 장수의 비결은 무엇일까요?

장수하는 노인이 많다는 곳에도 100세 이상의 노인을 찾기란 그리 쉽지 않다. 그런데 남미 에콰도르의 빌카밤바라는 마을에서는 100세를 넘어도 매일 건강하게 생활하는 노인들이 아주 많다.

그 가운데에는 110세가 되어도 밭에서 일을 한다는 할머니도 있다. 허리도 구부러지지 않았고 괭이질도 한다고 한다. 이외에도 100세를 넘은 노인이 20명 이상이고 모두 현역에서 일을 하고 있다고 한다.

이 빌카밤바는 파키스탄의 훈자, 러시아의 코카서스와 나란히 세계 3대 장수 마을 가운데 하나다. 일 중간중간에 담배도 피우고 밤에는 거나하게 술을 마시기도 한다. 정년이라는 것이 따로 없다. 그 뒤를 잇는 80세, 90세는 아직 젊은이라고 해도 좋을 정도다.

에콰도르의 수도 키토에서 남쪽으로 400km 떨어진 삼면이 산으로 둘러싸인 이 마을은 세 줄기의 강물이 합류하여 물이 풍부하고 연평균 기온도 19도로 살기 좋다. 이러한 조건들이 장수로 연결되는 것 같다고 전 세계 연구자들이 주목하고 있다.

에콰도르 빌카밤바의 장수 노인 파키스탄의 훈자 지방 러시아 코카서스 지방의 장수 노인

철저한 금녀 지역, 아토스 성산

아토스산은 여자들이 들어갈 수가 없대요. 기르는 짐승조차도 암놈이 없다네요. 도대체 뭐하는 곳이기에 여자는 출입이 안 되는 걸까요?

그리스 북부의 도시 테살로니키의 동남쪽, 에게해 쪽으로 삐죽 튀어나온 반도의 가장 끝부분에 우뚝 솟아 있는 아토스 산은 그리스의 영토이기는 하지만 자치권을 가진 특수한 종교공화국으로 **아토스** 정청이 있다.

말하자면 정교계 수도원의 집합체인데 철저한 여성 출입 금지로 가축조차 암놈이 없다고 할 정도이다. 전부 20개의 수도원이 있는데 그 중 17개가 그리스 정교의 것이고 나머지는 러시아 정교, 불가리아 정교, 세르비아 정교이며 수도사는 1,600명 정도 있다.

입산하려면 허가가 필요하며 꼭 가보길 원하는 사람을 위해서 반도를 둘러싸고 있는 바다를 관광선으로 유람하는 관광 코스가 있다. 하지만 멀리서 바라볼 수밖에 없어 성산(聖山)은 아직도 고고함을 유지한다.

종교적인 독립성을 갖는 나라로 이밖에 **바티칸**이 있는데 이곳은 로마의 일부가 되어 출입이 자유롭다.

144

　한편 외국 사람이 이 아토스를 방문하려면 그리스 외무성 종교국이 발행하는 비자가 필요하므로 실질적으로는 독립국과 마찬가지다.

　어째서 이렇게까지 신성하게 여겨졌는지 기원은 불분명하지만 8~9세기 이전부터 아토스산에 은둔자가 있었다는 것은 확실하다. 마침내 비잔틴 황제 니케포루스 2세의 비호 아래 성 아타나시우스가 수도원을 건립한 후 수도사가 계속 늘어나 15세기 무렵에 가장 번성했다.

　지금도 중세의 생활을 계속하고 있는 아토스에서는 시간은 일몰로 재고 **그레고리력**(曆) 이전의 율리우스력(曆)을 사용하는 등 시간의 흐름이 정지되어 버린 듯한 곳이다.

아토스산 아토스산은 그리스 북부에 있는 산이에요. 동로마 제국 시대에 니케포루스 2세의 원조로 성(聖) 아타나시우스가 라우라 수도원을 건립한 후 많은 수도원이 건립되었기 때문에 아토스산을 성산이라고도 부르고 있어요. 1988년 유네스코 세계복합유산으로 지정되었어요.

그레고리력 그레고리력은 로마 교황 그레고리우스 13세가 제정한 태양력으로 오늘날 거의 모든 나라에서 사용하고 있어요. 원래는 율리우스력을 사용했는데 여러 가지 문제점이 있었어요. 그레고리우스 13세는 이런 문제점을 해결하기 위해 1582년 새로운 역법을 공표했는데 이것이 현재까지 사용하는 그레고리력이에요.

지리 속으로 점프 !

바티칸 바티칸은 이탈리아 로마 북서부의 언덕에 있는 가톨릭 교황국이다. 엄밀하게 말하면 가톨릭의 총본산 바티칸 궁전을 중심으로 하는 구역만이다.
바티칸은 바로 전세계 가톨릭 교회를 통괄하는 최고통치기관인 교황청이 있는 곳이다. 이 곳의 교황은 교황청에 대한 입법, 사법, 행정 등 전권과 함께 로마 관구 주교직을 겸하며 세계 각국, 각 지역의 추기경들로 구성된 추기경단 회의를 통해 선출된다. 비밀 서면 투표를 통해, 2/3이상의 찬성을 얻어야 당선될 수 있다.

그레고리우스 13세　　　아토스 성산　　　그리스 정교 수도사들

아직도 마차와 석유 램프를 쓰는 사람들

물질문명이 가장 발달한 나라 미국에, 마차 타고 말 달리고 석유 램프 켜면서 사는 사람들이 있어요. 이들이 편하게 살 수 있는 방법을 거부하고 이렇게 살아가는 이유는 무엇일까요?

자동차 문명의 기수로 한결같이 물질문명을 추구해 온 미국에서 지금도 전 세대와 같은 생활을 하고 있는 사람들이 있다.

이들은 **아미시**라는 **청교도**계 사람들로 대부분이 1727~1750년에 걸쳐 이민온 독일계 이민자들의 자손들이다.

그 대표적인 것이 펜실베니아 주 랭커스터에 사는 사람들로 미국 이민 이래 전통적인 생활 스타일을 그대로 유지하고 있다. 그들은 모두 농장경영으로 생계를 꾸려나가고 있는데 일상생활에서 자동차는 사용하지 않고 가정에서는 램프로 생활을 하고 겨울 난방은 석탄 스토브, 반드시 필요한 전력은 프로판을 이용한 자가발전에 의존하고 있다.

또 농사를 지을 때도 트럭이 아니라 말을 이용하여 경작한다. 각 가정에 전화도 없고 공동체를 형성하는 마을 4~5채에 하나의 비율로 공중 전화가 설치되어 있을 뿐이다.

물론 텔레비전, 라디오도 없다. 개척 시대에는 유럽에서 나온 여러 종파가 미국으로 건너왔지만 사라진 것이 더 많은데 아미시가 이렇게까지 단결하여 살아남은 것은 그들의 신조가 '우리들의 생각을 남에게 강요하지 말고 남들과 싸우지 않는다' 라는 것이었기 때문이라고 한다.

그들은 가족 단위로 단결하고 교회를 중심으로 한 공동체를 형성해왔다. 펜실베니아에만 이런 교회구가 200개 이상 된다.

지금도 미국 전체에 15만 명의 아미시 자손들이 있고 800개가 넘는 소속 초등학교에서 자기들의 자녀를 교육하고 있다. 그들은 정치와 종교의 분리, 징병 거부를 선언하며 아직도 외곬스럽게 고전적인 생활을 계속하고 있다.

 문명의 이기를 거부하고 자연 속의 삶을 살아가는 미국 공동체 사람들이에요. 유럽 종교개혁 당시 박해를 피해 미국으로 건너온 이들은 신교 중에서도 가장 근본주의 경향을 가진 사람들로 현재 펜실베이니아, 오하이오, 인디애나 등지에 퍼져 살고 있어요. 가장 참된 노동은 농사에 있다고 믿는 이들은 개인주의보다는 공동체 정신, 물질적 소유보다는 영성을 우선하며 살아간답니다.

지리 속으로 점프 !

청교도 청교도는 16세기 영국에서 칼뱅 등 종교개혁의 결과, 로마 카톨릭에서 분리해 만들어진 기독교의 한 분파이다. 로마 카톨릭의 제도 등을 모두 거부하고, 칼뱅주의를 이어받아 주일 엄수, 향락 배척, 엄격한 도덕 등을 주장했다. 비국교로 배척을 받아 네덜란드나 신대륙으로 피해야 했다. 이들은 영국 첫 시민 혁명인 청교도 혁명을 일으키기도 했다.

아미시 공동체의 주요 교통수단인 마차   옛날 복장을 고집하고 있는 아미시 사람들

기적의 샘이 솟는 마을

무엇을 생각할까요?

루르드 마을에 있는 동굴의 물이 불치병도 낫게 해 준다는 소문 때문에 수많은 사람들이 이 동굴을 방문해요. 동굴 입구에는 병을 고친 사람들이 두고 간 수많은 목발들이 걸려 있어요. 이 물에는 어떤 사연이 있는 걸까요?

기독교의 성지라고 하면 **예루살렘**이 곧 떠오르지만 19세기에 새로운 성지라고 할 수 있는 장소가 생겨났다. 그 장소는 프랑스 남서부, 스페인과의 국경에 근접한 가브드포강 상류 연안에 있는 오트피레네의 **루르드**이다.

지금은 연간 400만 명이나 되는 사람들이 방문하는데 이곳은 예수 그리스도와 관계가 있는 유적이 발굴된 장소는 아니다. 14세기의 베르나데트 스필이라는 소녀가 근처의 마사비엘 동굴에서 성모 마리아를 만날 때까지 이곳은 단순한 시골 마을에 불과했다.

그녀 앞에 처음으로 마리아가 나타난 것은 1858년, 게다가 그 후 18회나 더 나타났다고 한다. 이러한 소문이 나자 1862년 이곳에 교회가 세워졌다. 동굴 안의 베르나데트가 만진 바위에서 솟아나왔다는 성수(聖水)가 불치의 병을 낫게 해준다는 얘기가 전해지면서 순례도 시작되었다. 순례에 참가한 사람들을 위해 동굴에는 마리아상이 세워지고 제단도 만들어졌으며, 교회에서는 각 나라 언어로 미사가 진행되고 있다.

이 성수(聖水)는 소다, 석탄, 탄산 마그네슘, 산화철 등을 포함하는 광천으로 분석되었으며 천연 게르마늄도 포함되어 있다고 한다.

이 기적의 샘은 크게 각광을 받아 선물 가게에서는 성수를 가져 갈 수 있는 플라스틱 용기도 판다. 또 성수로 병을 고친 경험담을 기록한 책도 출판되는 등 또 다른 기적을 바라는 사람들의 기도는 21세기에도 계속되고 있다.

가난한 밀가루집 딸이었던 베르나데트는 이 기적의 샘을 발견한 것을 계기로 수녀가 되었고 1933년에는 성인(聖人)으로 추대되었다.

루르드 루르드는 프랑스 남서부에 있는 소도시예요. 1858년 베르나데트라는 소녀가 마사비엘의 동굴에서 18회에 걸쳐 성모 마리아를 보고 메시지를 들었다고 전해진 후 해마다 세계 각지로부터 수많은 순례자가 찾아오는 손꼽히는 순례지가 되었어요. 동굴 속에 있는 샘물은 성수(聖水)로서 병 치료에 신통한 효험이 있어 입구에는 완치된 사람들이 두고 간 수많은 목발들이 걸려 있다고 해요.

지리 속으로 점프!

예루살렘 '평화의 도시'라 불리는 예루살렘은 이스라엘의 정치적 수도라고 할 수 있다. 그리스도교, 이슬람교, 유대교 모두 자신들의 성지로 떠받들고 있어, 세 종교가 함께 섞여 있다. 사적지와 성지가 많으며 통곡의 벽(유대교), 성묘 교회(그리스도교), 오마르 사원(이슬람교) 등이 유명하다. 그리스도교도와 이슬람교도가 많으며, 순례자와 관광객들을 위한 시설이 잘 마련돼 있다.

기적의 샘이 있는 마사비엘 동굴

마리아를 만난 것으로 알려진 베르나데트 수녀

천 년이나 사는 신기한 식물

천 년이나 살 수 있는 웰위치아라는 식물이 있어요. 어떤 식물이기에 천 년이나 살 수 있는 걸까요?

나미비아가 어디에 있는 나라인지 금새 아는 사람은 별로 많지 않을 것이다. 아프리카 남서안, 대서양에 임해 있고 남아프리카 공화국과 국경을 마주하고 있는 나라로 전에는 '독일보호령 남서 아프리카' 라고 불렸던 곳이다. 1920년부터 남아프리카의 위임 통치령이 시작되어 1990년까지 이어졌다.

국명의 유래는 이 나라의 해안선을 따라 남북의 대부분을 완전히 덮고 있는 **나미브 사막**에서 나온 것이다. 사막의 폭은 50~140km, 길이는 1,530km나 되고 동쪽 구릉지대는 비옥하지만 해안 일대는 불모의 땅이다.

그런 만큼 사막 지대에는 신기한 생물들이 살고 있다. 대표적인 것이 모래와 바람의 풍화작용으로 생긴 사막 북부의 '카카오벨트' 라고 하는 땅에서 자라는 '**웰위치아**' 라는 식물이다. 직경이 60~120cm나 되는 거대한 무 같은 형태로 줄기는 아주 깊이 박혀 가능한 한 많은 수분을 흡수하고 있다. 꽃받침 같은 두 장의 커다란 잎이 띠 모양으로 우거지는데 모래와 바람의 공격으로 갈라지고 잎끝이 마모되기 때문에 아무리 자라도 고작해야 3m 정도다. 종자를 많이 맺어도 건조 지대라서 발아는 어려운 반면 한 번 뿌리를 내리면 수백 년에서 천 년이나 수명을 유지하는 식물이다.

이곳에는 그 밖에도 차가운 벵겔라 해류의 영향으로 남대서양에서나 볼 수 있는 펭귄과 열대성인 홍학이 해안 지역에 같이 살기도 하고 케이프아잘란의 군서지가 있는 등 동식물들이 특이한 지형과 기후에 적응하며 사는 것을 볼 수 있다.

나미비아 나미비아는 아프리카 남서부, 대서양 연안에 있는 나라예요. 일찍이 독일의 식민지로 '남서 아프리카'로 불리었으며 1915년부터 남아프리카공화국의 식민 통치를 받아오다가 1990년 3월 독립국가가 되었어요.

나미브 사막 나미브 사막은 아프리카 남서부에 펼쳐진 해안 사막이에요. 적도 이남의 아프리카에서는 가장 건조한 지역에 속해요.

웰위치아 웰위치아는 남서 아프리카 해안 근처의 나미브 사막 등의 골짜기에만 자생하는 희귀 식물이에요. 2개의 벨트 같은 잎이 3~3.5m 정도 자라요. 세계적으로 진귀한 식물로 보호받고 있으며 채집이 금지되어 있어요.

나미브 사막

웰위치아

우주는 누구의 소유일까?

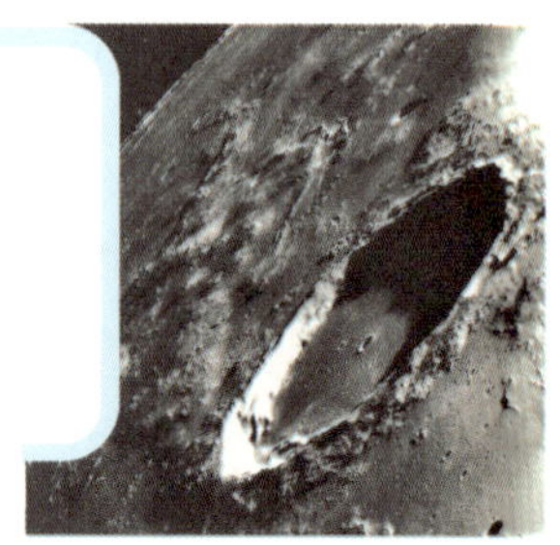

무엇을 생각할까요?
우주 공간도 주인을 따질 수 있을까요? 우주 공간을 이용하는 데도 규정이 있어요. 어떤 규정이 있을까요?

지도는 지구상의 지형이나 바다 속을 평면도로 그린 것이다. 이처럼 지구 표면의 산맥이나 바다, 강, 호수 등을 그리는 것과 마찬가지로 달 표면의 산과 **크레이터** 등의 위치를 평면도로 만든 **월면도**라는 특수 지도도 있다.

그러면 현재 탐사의 손길이 미치고 있는 우주나 천체가 개발된다면 우주의 영유권은 누가 갖는 것일까? 과거의 '대항해 시대' 처럼 처음 발을 디딘 나라의 식민지가 되는 것일까?

이에 대해서는 이미 1963년 '우주 공간의 탐사 및 이용에 관한 국가 활동을 규제하는 법적 원칙 선언' 이 유엔에 의해 채택되었고 3년 후에는 이에 기초한 **'우주조약'** 도 맺어져 가이드 라인이 만들어졌다. 앞으로 우주 개발이 계속 진행되어도 몇 가지 협정과 조약으로 보충해 나가 무익한 싸움이 되지 않도록 하기 위한 것이다.

이 조약에 따르면 우주 공간에 대해서는 어느 나라도 주권을 주장하거나 점거할 수 없다. 이것은 우주 스테이션 주위이든 정기적으로 지구를 돌고 있는 인공위성이든 마찬가지다.

달이나 기타 천체에 관해서도 인류를 위한 평화적 이용만이 허용되고 군사기지의 설치나 방위시설 건설, 또 무기 실험이나 군사 훈련 등도 일체 금지된다.

크레이터 크레이터는 달 같은 위성이나 화성 같은 행성 표면에 널려 있는 크고 작은 구멍을 말해요. 크레이터는 운석·화산·내부 가스의 분출 등 다양한 원인으로 생긴다고 추측하고 있어요.

월면도 월면도는 달 표면의 생긴 모양이나 상태를 나타낸 지도예요. 인류가 달을 탐사한 후의 자료와 무인탐측기의 사진 촬영에 기초해 작성되었어요.

지리 속으로 점프 !

우주조약 우주조약의 정식 명칭은 '달과 그 밖의 천체를 포함하는 우주공간의 탐사 및 이용에 있어서의 국가 활동을 규제하는 원칙에 관한 조약'이다. 1967년 10월부터 적용되었다.
우주는 모든 나라에 개방되며 어느 나라도 영유할 수 없다는 것, 달을 비롯한 모든 천체는 평화적 목적에만 이용할 수 있다는 것, 핵무기 등 대량파괴무기의 궤도비행과 천체상이나 우주 공간에서의 군사기지 설치, 핵실험 등을 금지한다는 것이 주요 내용이다.

달 표면의 대규모 크레이터

러시아가 미국에 판 보배, 알래스카

현재 알래스카는 미국 땅이지만 원래는 러시아의 땅이었어요. 러시아가 천연 자원의 보고인 알래스카를 미국에 헐값으로 넘긴 이유는 무엇일까요?

미국의 주 가운데 가장 면적이 큰 **알래스카**는 미국 본토에서 떨어져 있다. 지리적으로도 베링해 건너로 미국 본토보다 유라시아 대륙 쪽에 가깝다. 알래스카는 원래 러시아 영토였다. 1741년, 러시아 해군으로부터 임무를 부여받은 덴마크인 항해가 베링이 이곳에 상륙하면서 러시아령이 되었다.

러시아는 알래스카에서 해달 모피 사업을 할 생각이었다. 하지만 넓은 시베리아를 건너야 했기 때문에 개발에 힘을 쏟지 못했다. 그 당시 **크림전쟁**에서 패한 러시아는 막대한 보상금이 필요하게 되었고 그래서 알래스카 매각을 결정했다.

한편, 매입을 제안받은 미국도 얼음과 눈으로 뒤덮인 땅에 큰 돈을 지불하는 것이 내키지 않았지만 러시아측의 의회 매수 공작에 넘어가 720만 달러를 지불하기로 결정했다. 1867년의 일이었다.

이 결정에 대한 미국 내의 여론은 혹독했다. 교섭에 임했던 윌리엄 스워드 국무

장관을 야유하여 '스워드의 거대한 냉장고'라고 하기도 하고 '얼음을 사는 데 돈을 낭비했다', 나아가서는 '스워드에 의한 세기의 우책(愚策)'이라고까지 이야기되었다.

　　그러나 1899년에 이곳에서 금광이 발견된 데 이어 1902년에는 알래스카 중부 도시 페어뱅크스에서도 금광이 발견되어 풍부한 자원에 주목하게 되었다. 그 후 금광뿐만 아니라 어업 자원과 삼림 자원, 최근에는 **유전**과 천연 가스도 발견되어 알래스카는 매장 자원의 보고로 각광을 받게 되었으니 엄청난 보배를 미국에 헐값에 넘긴 러시아는 눈물을 흘릴지도 모를 일이다.

알래스카 알래스카주의 면적은 153만 694㎢예요. 덴마크의 탐험가 베링이 베링 해협의 발견에 이어 1741년에 발견하였고 러시아령이 되었어요. 그러나 1867년 살림이 궁핍해진 러시아가 미국에 720만 달러에 팔아 치움으로써 미국땅이 되었어요. 주요 산업은 어업이고 1920년엔 페어뱅크스 부근에서 금광이 발견되기도 했어요. 또 노스슬로프에서 원유 매장량이 96억 배럴에 달하는 대유전이 발견 되었어요. 경제·문화의 중심은 앵커리지예요.

크림전쟁 크림전쟁은 크림반도와 흑해를 둘러싸고, 러시아와 오스만투르크·영국·프랑스·프로이센·사르데냐 연합군 사이에 일어난 전쟁이에요. 전쟁에 패한 러시아에서는 이것을 계기로 근대화를 지향하는 운동이 일어났어요. 이후 농노해방 등의 개혁사업이 추진되었어요.

지리 속으로 점프 !

유전 석유가 땅속에 묻혀 있는 지역을 유전이라 한다. 이러한 유전이 많이 존재하는 지역을 유전지대라고 한다. 유전 지대라고 하려면, 석유의 근원 물질이 유전 부근에 존재하거나, 석유 그 자체가 이동하여 쌓여 있어야 한다. 어느 경우에나 석유가 만들어지거나 쌓이는 데 알맞은 환경이어야 한다.

종전에는 석유가 어느 한 지역에 집중돼 있다고 여겼다. 그러나 유전을 개발하면서 적도 부근부터 북극권에 이르는 모든 지역에 유전이 있다는 것을 발견했다. 북해 가스전·유전, 알래스카 북극해 연안 지역, 오스트레일리아 유전·가스전 등이 이러한 사실을 보여준다. 이 때문에 최근에는 넓은 퇴적층을 대상으로 석유 탐사가 이뤄지고 있다.

육지보다 해양에 구조가 큰 유전이 있을 것이라는 연구를 통해, 해저 유전 개발은 더욱 활기를 띠고 있다.

알래스카 원주민　　　　　　알래스카의 유전

뉴욕에는 자유의 여신상이 없다

무엇을 생각할까요?

자유의 여신상 하면 뉴욕을 떠올릴 수 있어요. 그런데 사실 뉴욕에는 자유의 여신상이 없어요. 그렇다면 자유의 여신상은 어디로 간 것일까요?

미국의 정신을 상징한다고 일컬어지는 **자유의 여신상**. 여신상의 밑바닥에서 횃불까지 높이는 91.5m로 여신상의 머리 부분에 있는 전망대에서는 뉴욕 만과 맨하탄을 한눈에 볼 수 있다.

이 상은 프랑스에서 기증한 것으로 1878년 파리 박람회에서 최초로 공개된 후 1886년 214개의 조각으로 분해되어 멀리 대서양을 배로 건너서 이곳에 세워졌다.

여신상은 프랑스의 조각가 프레데리크 바르톨디가 만들었다. 45.3m나 되는 높이의 상을 안전하게 만들기 위해 에펠탑으로 유명한 건축가 에펠도 제작에 지혜를 빌

156

려주어 구리옷의 디자인이 만들어졌다.

또 대좌_{동상을 세우기 위한 대}는 리차드 모리스 헌터가 설계하고 미국측이 모금하여 건설했다. 실로 미국과 프랑스가 합작한 자유의 상징으로 뉴욕만이 아니라 미국 자체의 상징으로 인기를 얻고 있다.

그런데 자유의 여신상이 서 있는 곳이 뉴욕 만이므로 뉴욕의 상징이라고 생각하기 쉽지만 사실 상이 있는 리버티섬은 뉴욕시에 소속되어 있지 않다. 뉴욕 만을 사이에 두고 반대편에 있는 뉴저지주에 소속되어 있다. 즉 자유의 여신상이 있는 정확한 주소지는 뉴저지인 셈이다.

자유의 여신상 자유의 여신상은 미국 뉴욕항의 리버티섬에 세워진 거대한 여신상으로 프랑스 국민이 미국 독립 100주년을 기념해서 기증한 것이에요 프랑스 조각가 프레데리크-오귀스트 바르톨디가 동상의 고안을 맡았는데 프랑스에서 완성한 후 해체해서 미국으로 옮겨졌고 1886년 10월 28일 뉴욕에 모습을 드러냈어요. 세계유산목록에 등록되어 있어요.

자유의 여신상을 디자인한 프레데리크　　　　　　뉴저지 주에 있는 자유의 여신상

마젤란이 맛있게 먹었던 동물은?

마젤란은 세계 최초로 세계 일주를 한 사람으로 잘 알려져 있다. 그는 항해 도중에 죽었고 실제로 세계 일주를 달성한 것은 살아남은 마젤란대 일행이다. 포르투갈의 귀족으로 태어난 그는 군대를 이끌고 수 회에 걸쳐 희망봉을 경유하여 동인도 제도를 방문, 향료의 입수 경로 등을 확보했다. 그러나 억울한 죄를 뒤집어쓰자 나라를 버리고 1519년 스페인 국왕의 원조로 항해에 나선다. 그래서 마젤란 해협을 발견하고 태평양이란 이름을 붙여 주는 등 항해의 선구자가 되었지만 함께 출항했던 함대와의 다툼, 장기간 항해로 인한 식량 조달 등 많은 고생이 그를 기다리고 있었다.

특히 괴혈병의 피해가 심각했는데 가져갔던 소금에 절인 고기나 치즈, 콩만으로는 비타민 부족을 일으켜 많은 승무원을 잃었다.

그런 그들이 항해 도중 한 섬에서 포획한 동물을 식용으로 사용했는데 그때까지 아무도 그 동물을 본 사람이 없었다고 한다. 과연 어떤 동물이었을까? 재미있게도 그 동물은 뒤뚱뒤뚱 걸어서 잡기 쉬운 펭귄이었다고 한다.

마젤란의 초상화들

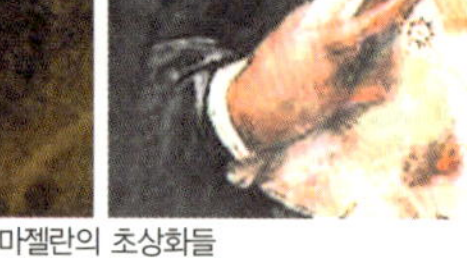

남아메리카 끝과 티에라델푸에고섬 사이에 있는
마젤란 해협의 위성사진

훔볼트의 흥미를 끈 미지의 생물

독일인 과학자 훔볼트는 남미 대륙을 탐험, 페루 해안을 따라 북상하는 해류에 그 이름을 남긴 사람이다.

그는 동 · 식물을 직접 현장 답사한 사람으로 잘 알려져 있는데 1799년부터 1804년에 걸친 장기간의 탐험 여행이 가능했던 것은 귀족 아버지, 부호 출신의 어머니가 남겨준 막대한 유산이 있었기 때문이었다.

그가 탐험하고 싶어했던 첫 목적지는 이집트였지만 당시 정치적 사정으로 여의치 않자 남미로 건너가게 되었다.

그와 동행했던 사람은 프랑스인 식물학자였다. 두 사람은 오리노코 강을 거슬러 올라가며 아마존의 수계(水系)를 탐험하는 과정에서 여러 가지 표본을 채집하기도 하고 실험을 하기도 했는데 그 중에서도 훔볼트의 흥미를 불러일으킨 것이 '전기 뱀장어'였다.

그는 전기 뱀장어를 말 30마리와 강물 속에서 싸우게 하기도 하고 사람들이 손을 이어잡고 강으로 들어가는 실험을 거듭하여 이 뱀장어가 650볼트나 되는 고압 전류를 발한다는 것을 확인했다.

훔볼트 훔볼트는 독일의 자연과학자이자 지리학자예요. 1799년부터 남아메리카를 탐험해 오리노코강 상류와 아마존강 상류를 조사하고 페루에 이르렀어요. 그는 페루 앞바다를 북상하는 훔볼트 해류에 이름을 남겼고 여행한 경험을 바탕으로 수많은 저서를 간행해 자연지리학의 시조로 일컬어지고 있어요.

06 세계 각지의 문화 이야기

정류장에 서지 않는 버스

카이로에서는 버스를 타려고 정류장에서 기다려봤자 백 년이 지나도 못 탄다고 해요. 그렇다면 어떻게 해야 버스를 탈 수 있을까요?

　여행을 할 때 가장 즐거운 일은 낯선 외국 생활을 보고 들을 수 있다는 점이다. 상점에 걸려 있는 옷이나 잡화, 시장에 늘어 놓은 야채, 흥겹게 물건을 사고파는 사람들을 보면서 나라마다 다른 문화를 읽을 수 있다. 하지만 그 때 알 수 있는 것은 겉모습뿐, 실제로 생활해 보면 겉모습만으로는 알 수 없는 황당한 일이 벌어질 때가 많다.

　예를 들면, 이집트의 수도를 활보하는 카이로 시내 버스가 그런 경우다. 관광객이 타는 경우가 거의 없는 시민의 발인 노선 버스는 우습게도 정거장에 서지 않는다. 그러면 승객은 어떻게 버스를 탈까? 놀랍게도 주행 중인 버스에 뛰어오르는 것이다. 그것을 위해 버스는 주행 중에도 승강구의 문을 열어둔 채 달린다.

　그렇다면 정거장은 아무런 필요가 없고 어디에서 타고 내리든 괜찮지 않을까 생각하겠지만 정거장은 분명히 있다. 그곳을 기준으로 버스는 일단 서행 운전을 한다. 서행이라고 해도 시속 10~30㎞ 정도로 운전사 마음대로다. 타고 싶은 손님은 버스가 20~30m 앞에서 보이기 시작하면 버스의 진행 방향으로 무작정 달리기 시작한다. 이어달리기 경주에서 바통을 이어받은 선수처럼 하는 것인데 달리면서 하는 일은 가끔 뒤를 돌아보면서 버스와의 간격을 확인하는 일이다. 이윽고 뒤에서 버스가 따라와 승강구가 바로 옆에 온 순간, 승강구에 달려 있는 손잡이를 잡고 힘껏 올라탄다. 내릴 때도 마찬가지로 정거장이 가까워지면 서행이 시작되므로 시간을 적절히 계산해서 뛰어 내린다. 몸은 관성의 법칙에 따라 계속 움직이려고 하기 때문에 버스의 진행 방향을 향해 '으라차차' 하고 제자리 걸음을 하는 느낌으로 착지하게 된다.

카이로뿐만 아니라 동남아시아나 남아시아의 **개발도상국** 시내버스도 이런 경향이 있다. 그곳 사람들은 당연하다는 듯 이 방법으로 차를 타고 내리지만, 익숙치 않은 여행자가 흉내 내기는 매우 위험하다.

지리 속으로 점프 !

개발도상국 산업의 근대화나 경제개발이 선진공업국보다 뒤처진 나라를 개발도상국이라 한다. 원래는 후진국이라 불렸으나, 지금은 저개발국 혹은 개발도상국이라 부른다.
이 나라들은 1인당 소득수준이 낮으며, 소득분배가 상당히 불평등하고, 영양상태도 나쁘다. 문맹률과 실업률이 높고, 철도나 도로 등의 경제기반 시설이 제대로 갖춰져 있지 않은 경우가 많다. 주로 농업생산성을 높이고, 공업화를 앞당기기 위해 노력하고 있다.

카이로 도심을 질주하는 버스

카이로 도시 전경

아직 돌로 된 돈을 사용하는 나라

현재는 종이 화폐나 금속 화폐를 사용해요. 그런데 아직도 옛날처럼 '돌로 된 돈'을 사용하는 나라가 있어요. '돌로 된 돈'이라면 무거울 텐데, 이것을 어떤 방식으로 사용하고 있을까요?

원시 경제는 물물교환에서 시작되었고 그 불편함을 깨달은 인간은 조개껍데기나 돌을 물건 대용으로 사용해 거래하는 방법을 고안하게 되었다. 이것이 **화폐**의 시작이다. 이처럼 석화(돌돈)란 인류 경제생활의 시작이라고도 할 수 있다.

그 돌에 지금도 화폐적 가치를 인정하는 곳이 미크로네시아 연방에 있는 야프섬이다. 폰페이, 코스라에, 트루크, 야프 등 네 개의 큰 섬으로 이루어진 미크로네시아 연방의 통화는 미국 달러이지만 야프섬에서는 세계에서 가장 큰 직경 4m나 되는 석화가 이용되고 있다. 이것을 가지고 물건을 사러 가는 일은 없어졌지만 지금도 섬 여기저기에 즐비한 석화에는 재산적 가치가 있다고 한다.

석화는 직경 20㎝ 정도의 원반형 돌에 구멍을 뚫은 것에서부터 사람이 옮기기 어려울 정도로 큰 것도 있는데 크기가 클수록 가치가 높다고 한다. 그리고 재료인 돌을 조달하기 위해 다른 섬에 가서 돌을 구해 오기도 한다. 그래서 크기뿐 아니라 그 돌을 손에 넣기 위해 얼마나 고생을 했는가도 가치의 요소가 되었다.

예를 들면 카누로 옮기는 도중에 태풍을 만나 위험했다든가, 무거워서 배가 가라앉을 뻔했다든가, 또는 채집하러 간 섬에서 그곳 주민들과 싸움을 했다는 것 등이다.

돌의 조달을 위해서는 파라오에 가는 것이 보통이었지만 대만이나 괌에서 구한 듯한 석화도 남아 있다. 이런 모험과 희생의 전설이 그 돌의 가치를 높여준다.

즉, 자신이 그 돌을 손에 넣은 영웅의 자손이라는 명예다. 그래서 지금도 부동산 매매나 경사 등에서는 현금과 병용되어 사용된다. 너무 커서 옮길 수 없는 경우 '이것은 오늘부터 네 것이 된다.' 라고 말만 하면 소유권이 이동되고 석화는 원래 그 자리에 놓여진 채 있게 되므로 말하자면 돈이 움직일 수 없는 부동산인 셈이다.

화폐의 역사 화폐란 물건의 유통 · 교환의 편리를 위한 유통 수단이다. 즉, 물물교환의 어려움으로 화폐가 생겨났다. 이러한 원시 화폐는 유통 기능 이외에 종교적 · 의례적 · 장식적인 기능도 함께 했다. 원시 화폐로는 조개 껍데기, 천, 소금, 모피 등을 이용했다. 이후 상품 유통의 발달과 함께 금속이 이용되기 시작하면서 금속 화폐로 발전했다.

초기의 금속 화폐는 형태가 제대로 갖춰지지 않은 조잡한 막대기 모양이었다. 그 후 국가 주도하에 주조 화폐를 만들게 되었다. 주조 화폐가 점차 발달하여 현재 화폐와 같은 모양과 구실을 하게 되었다. 현재의 화폐는 가치척도, 교환수단, 지급수단 등의 기능을 한다.

야프섬의 석화   야프섬 주민과 석화

실수로 발견된 사해문서

역사 자료는 종종 예기치 않은 곳에서 발견돼요. 사해문서도 그렇다네요. 사해문서는 어떻게 발견되었을까요?

바다보다 7배 이상이나 염분이 많고 광물도 많이 포함하고 있기 때문에 생물이 전혀 생존할 수 없다는 데에서 붙여진 이름 '사해(死海)'. 이스라엘과 요르단 국경을 따라 남북으로 78km에 걸쳐 가로놓인 호수다.

원래 이 호수로 흘러 들어오는 요르단 강의 물이 염분을 포함하고 있는 데다 호수의 바닥이 지중해 바다보다 낮기 때문에 다른 곳으로 유출되지 못한다. 호수의 물은 증발하지만 염분은 그대로 남아 있고 다시 요르단 강의 물이 흘러들어와 지금과 같은 농도가 된 것이다.

이 지역은 예루살렘에서도 가까워 기원전부터 유대인들의 왕래가 있었던 곳이었는데 그것을 증명하는 것이 20세기에 들어와 발견되었다. 바로 '**사해문서(死海文書)**'. 초기 기독교에 대해 알 수 있는 귀중한 문헌이 이곳 북쪽 연안의 동굴에서 발견된 것이다.

문서는 기원전 2세기 무렵의 것이었고 게다가 《성서》의 원점이라고도 할 수 있을 만한 내용이 기록되어 있었다. 유대교에서 기독교로, 종교가 이어져 발전해 나가는 수수께끼를 풀 수 있는 단서가 되었다.

이런 귀중한 문서가 아주 우연히 쿰란 동굴에서 발견되었다. 잃어버린 염소를 찾기 위해 부근 동굴을 헤매던 베두인 소년이 발을 헛디뎌 함정에 빠졌는데 거기에 이 문서가 있었다고 한다. 1947년의 일이었다.

소년의 우연한 실수로 2천 년이 넘는 잠에서 깨어난 문서는 현재 이스라엘 박물관에 전시되어 있고 이 동굴은 견학이 가능하도록 되어 있다.

사해문서 사해문서는 사해 부근의 쿰란 동굴에서 발견된 구약성서 사본 및 유대교 관련 문서예요. 1947년 2월, 베두인의 한 소년이 잃어 버린 염소를 찾다, 한 동굴에서 가죽 두루마리가 들어 있는 여러 개의 항아리를 발견하였는데 이것이 바로 사해문서예요. 현재는 이들 두루마리 전부가 이스라엘 소유로 되어 있어요. 사해문서의 발굴로 구약성서 연구에 많은 도움이 되었어요.

| 사해문서가 발견된 쿰란 동굴 | 사해문서가 들어 있던 항아리 | 사해문서 |

사람 수보다 양이 더 많은 나라

무엇을 생각할까요?
뉴질랜드에는 사람 수보다 양의 수가 더 많아요. 국토의 절반 이상을 양이 차지하고 있을 정도예요. 뉴질랜드에는 왜 이렇게 양이 많은 걸까요?

뉴질랜드는 인구가 약 370만 명인데 비해 사육되고 있는 양의 수는 5,020만 마리로 사람보다 14배나 많다. 이밖에도 소가 800만 마리 정도 있으니 인간보다 가축과 만나는 일이 훨씬 많다고 할 수 있을 것이다. 국토 면적 27만㎢ 가운데 14만㎢가 방목지 가축을 풀밭에 놓아 기르는 곳 로 되어 있다니 반 이상을 가축들이 점령하고 있는 셈이다.

호주에서 양이 들어온 지 겨우 2세기 만에 이렇게 양의 숫자가 늘어난 것은 뉴질랜드의 토지가 방목하기에 얼마나 적합한가를 증명해 주는 것이기도 하다.

양은 털이 가는 메리노종이 양모용으로 가장 적합하고 털이 두껍고 긴 것은 고기를 식용으로 하는데 뉴질랜드는 당시 유럽에서 갓 도입된 메리노종의 방목에 아주 적합했던 모양이다.

그 후에 유럽에서 수입된 풀을 심어 장모종 長毛種 털이 길게 자라는 양 의 사육에 적합한 목초지가 만들어졌고 양의 교배 기술도 발전되는 등 양모용 양에서 시작한 뉴질랜드의 방목은 식용 고기로 사용되는 코리데일종의 생산으로까지 발전했다.

많은 관광객이 방문하는 요즘에는 관광코스에 반드시 양의 털을 깎는 체험관광이 포함되어 있다. 기술자를 위한 양털 빨리 깎기 대회도 있는데 새끼 양 한 마리를 40초도 안 되어 깎는 사람이 있다고 한다.

뉴질랜드 사람들은 그야말로 양으로 의식을 해결하고 양을 팔아 얻은 돈으로 집을 짓는다. 또 식용으로 먹는 고기의 냉동 기술과 가공업 등의 공업 부문까지 발전했으니 뉴질랜드 사람들에게 양은 생활에 없어서는 안 될 존재라고 할 수 있다.

초원의 양들   양털을 깎는 사람

특이한 국기를 가진 나라, 네팔

일반적으로 여러 나라의 국기를 생각하면 직사각형이거나 정사각형이에요. 그런데 네팔만 다른 모양을 하고 있어요. 네팔의 국기는 어떤 모양일까요?

올림픽에서나 국제회의에서 어느 나라가 참가했는지를 한눈에 알 수 있도록 게양대에 내거는 **국기**. 각국 참가자의 숙소로 쓰이는 호텔에서는 외국에서 온 손님에게 경의를 표하기 위해 그 나라 국기를 입구에 게양한다. 이렇게 국기는 한 나라를 대표하는 상징물이다.

그러나 실제 미국의 성조기, 영국의 유니온잭, 프랑스의 3색기 등 익숙한 디자인의 몇 개 나라를 제외하면 '본 적은 있는데 어느 나라 국기였더라?' 하는 것에서부터 '한 번도 본 적이 없어!' 하는 것까지 전 세계에는 200개 가까운 국기가 존재한다.

그 중에서 '비슷한 것이 많아서 어느 나라 국기인지를 기억할 수 없다' 는 고민과는 무관한 나라가 **네팔**이다. 세계에서 유일하게 색다른 형태의 국기를 갖고 있기 때문이다. 국기라고 하면 가로 세로의 비율에 다소 차이는 있지만 대부분이 직사각형 형태인데 이 나라만은 삼각형을 두 개 겹쳐 놓은 듯한 절개가 있는 형태다. 바탕색은 붉은 색이고 가장자리에 푸른 띠가 있다. 그려져 있는 문양은 달과 태양으로 만국기 세계 여러 나라의 국기 가운데에서도 꼭 눈길이 머물고 한 번 기억하면 절대로 잊을 수 없다.

산스크리트어로 '산기슭'이라는 의미인 '네팔'이라는 국명 그대로 히말라야 산기슭에 있는 이 작은 나라는 에베레스트로 오르는 등산길의 입구만이 아니라는 듯 국기에서도 존재감을 나타내고 있다.

네팔 네팔은 히말라야 산맥 중앙부에 있는 나라예요. 수도는 카트만두이고 입헌군주국이죠. 삼림과 수자원이 아주 풍부한 나라예요.

지리 속으로 점프 !

주권을 상징하는 국기 넓은 의미의 국기의 기원은 고대 이집트나 중국 주나라까지 거슬러 올라가지만, 근대적 의미의 국기의 기원은 유럽 국가들이 식민지 개척에 나서면서 시작되었다. 식민지를 획득한 국가가 국기를 꽂아 영유권을 주장하면서 한 나라의 주권을 상징하는 표지로 발전하게 되었다.

국기가 일반화된 것은 프랑스 혁명 이후부터다. 자유·평등·박애의 의미를 지닌 프랑스의 3색기 이후 다른 국가들도 나름의 국기를 제작해 사용하기 시작했다.

국기의 색은 흰색을 포함해 빨강, 파랑, 노랑 등 선명한 것을 위주로 사용한다. 그 모양은 네팔의 국기를 제외하면 대부분 정사각형이나 직사각형이다.

네팔 국기　　　　　네팔의 여인들　　　　　네팔 시장의 상인

성인 의식에서 시작된 번지점프

발에 묶은 줄 하나에 의지해 높은 곳에서 떨어지는 스포츠를 번지점프라 해요. 이런 위험천만한 스포츠인 번지점프는 어떻게 생겨나게 되었을까요?

순간적이기는 하지만 공중 유영을 즐길 수 있게 해주는 번지점프는 이미 많은 사람들에게 대중화된 스포츠다. 신축성 있는 끈을 발에 묶고, 내려다보면 몸이 오그라들 것같이 높은 곳에서 뛰어내리는 것뿐이지만 뛰어내릴 때까지의 공포감과 날고 있는 순간의 해방감이 현대인을 매료시킨다.

호주를 다녀온 사람들 사이에서 알려지기 시작한 번지점프, 아찔한 계곡의 다리 위에서 강을 향해 뛰어내리는 광경이 젊은이들의 모험심에 불을 지르며 큰 인기를 얻고 있는 번지점프의 본가는 어디일까? 바로 호주 동쪽에 위치한 바누아투 공화국이 있는 펜테코스트섬이다.

이곳에서의 번지점프는 놀이가 아니라 '나글' 이리고 하는 어엿한 전통 행사다. 섬의 남동부에 있는 붐리프 마을이 원조로 '참마' 의 풍작을 기원하는 의식으로 행해지기 시작했다고 한다. 2주일에 걸쳐 만들어지는 대의 높이는 25~30m나 된다. 단, 제일 높은 곳에서 뛰어내리는 것은 성인 남성뿐.

처음에는 기분을 고조시키기 위해 어른이 뛰어내린 뒤 대를 조금 낮춘 다음 소년들이 뛰어내린다. 그들이 뛰어내리는 높이는 12m 정도인데 호주에서 보는 광경과는 달리 아래는 맨땅이다. 게다가 끈도 신축성이 있는 것이 아니라 등나무 줄기를 엮은

172

밧줄. 물론 뛰는 높이에 맞춰 등나무 밧줄의 길이를 조절하지만 자칫 잘못하면 땅에 부딪히게 되는, 실로 목숨을 건 점프다.

그것을 알면서도 소년들은 번지점프에 도전한다. 잘 뛰어내린 소년은 어른 대열에 들어갈 수 있는 허가를 얻는 일종의 성인 의식이다. 그 훈련을 통해 8세 정도가 되면 높은 바위에서 바다로 뛰어내리며 연습을 한다.

이 섬에서 전해진 의식이 놀이에 도입된 것은 1987년 뉴질랜드 모험가를 통해서인데 용기를 시험하는 행위가 인간의 본능을 자극했기 때문에 단기간에 큰 인기를 끌었다.

아찔한 번지점프 모습

펜테코스트섬에서 행해지는 나글

호수에 떠 있는 풀로 만든 마을

무엇을 생각할까요?

수상가옥이라고 해서 물 위에 집을 짓는 경우가 있어요. 그런데 특이하게도 물 위에 풀로 된 집을 짓는 곳이 있어요. 풀로 하나의 섬을 만들어요. 물 위에서 어떻게 풀로 된 집을 지을 수 있을까요?

홍콩의 수상가옥 생활자나 이누이트의 얼음 위의 집 등 땅 이외에 집을 짓는 사람들이 세상에 없는 것은 아니다. 또 몽골의 유목민이나 중동의 베두인과 같이 한 군데에 정착하지 않고 여기저기 이동하면서 사는 민족도 있다.

하지만 호수에 떠 있는 풀 위에 집뿐만 아니라 학교와 교회까지 세우고 마을을 이루며 사는 민족이 있다고 하면 '물 위에서 어떻게 가라앉지 않을까?' 라고 고개를 갸우뚱할 것이다.

남미의 페루와 볼리비아 국경에 있는 티티카카호에서 사는 우로스족의 우로스 섬이 그 '풀로 된 섬' 이다.

이곳은 처음부터 육지가 아니라 호수에서 자라는 '토토라' 라는 갈대로 만들어진 섬이다.

이 섬이 만들어지는 과정은 이렇다. 우선 갈대를 베어 물 위에 겹겹이 쌓는다. 대략 3m 정도 쌓으면 물에 떠서 가라앉지 않게 된다. 이런 섬이 티티카카호에는 40개 정도 있는데, 그 중 가장 큰 곳에는 350명이 생활하고 있다고 한다. 게다가 필요에 따라 학교와 교회까지 있다.

물에 잠긴 부분의 토토라가 썩기 시작하면 새 토토라를 베어서 보수하고 크기를 늘리고 싶으면 역시 토토라로 땅을 만든다. 조그만 자기 집을 갖기 위해 평생을 노력하는 사람들의 입장에서 보면 정말 부러운 이야기다.

우로스족은 잉카 제국 시대에 박해를 받아 수상 생활을 하게 되었다고 하는데 육지에서 감자를 재배하여 주식을 얻게 된 지금도 사는 곳은 역시 갈대 위의 섬이다.

집이 서 있는 바닥이 바로 호수 위에 토토라라는 갈대를 엮어 만든 땅이다. 갈대로 땅도 만들고 집도 짓고 배도 만들어 탄다.

사자 옆에 살면서 사자를 보지 못한 사람들

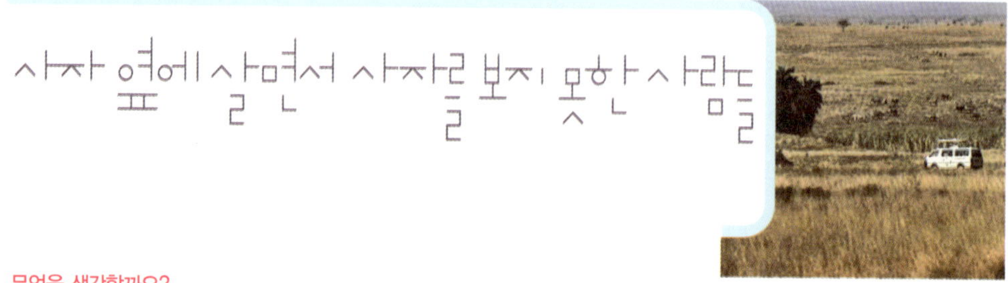

아프리카에 살면 많은 야생 동물을 볼 수 있을 것 같아요. 그런데 아프리카 케냐 사람 중에는 사자를 한 번도 보지 못한 사람도 있어요. 야생 동물의 왕국 케냐에서 어떻게 사자를 보지 못한 사람이 있을까요?

야생 동물의 왕국으로 알려진 케냐는 **나이로비 국립공원**을 갖고 있고 동물 보호구역만도 30곳 이상이 된다. 이런 공원에서는 아프리카 코끼리, 사자, 숲 멧돼지, 여러 종류의 원숭이들이 자연 속에서 살고 있다.

케냐 정부는 동물들을 보호하기 위해 사람들의 출입과 손길을 철저히 규제하고 있기 때문에 관광객을 위한 간이 숙소와 공원 관리인들을 위한 주거 지역 외에는 출입이 제한되고 있다. 또 관리하는 사람들도 동물에게 절대 손을 댈 수 없다. 이처럼 말 그대로 야생의 동물들을 볼 수 있기 때문에 전 세계에서 수많은 관광객이 몰려든다.

이 구역에 들어가려면 비싼 입장료가 필요하고 탈 것도 사파리 카로 제한되어 있기 때문에 외국에서 온 관광객이 야생동물의 생태를 견학하는 일은 많아도 케냐인들이 이곳에 들어올 기회는 거의 없다.

사반나에 사는 마사이족처럼 사자가 나타날 만한 곳에서 살지 않는다면 태어나서 한 번도 사자를 본 적이 없는 사람도 많다.

어쩌면 동물원에 가면 무엇이든 다 볼 수 있는 다른 나라 사람들이 케냐 사람들보다 사자를 본 경우가 훨씬 더 많을지 모르겠다.

나이로비 국립공원 나이로비 국립공원은 케냐 남부에 위치한 수도 나이로비 가까이에 있는 자연공원이에요. 자연공원으로서는 규모가 작지만, 사자 등 다양한 짐승들이 어울려 살고 있어요. 케냐 수도인 나이로비에서 가까워 편리한 교통으로 많은 관광객이 찾고 있어요.

사파리 카를 타고 동물들을 둘러봐야 한다.

마사이 부족들

모든 남자가 스님이 되는 나라

타이에서는 수도승 생활을 했는가가 중요한 결혼 조건이 돼요. 타이에서, 불교는 어떤 의미일까요?

타이와 비교할 때, 기독교도들이 일요일마다 예배를 드리러 교회에 가거나 이슬람교도가 빠짐없이 라마단(단식) 의식을 행하는 것은 아주 쉬운 종교 의식이다.

타이에서는 남자가 성장하면 출가하여 3개월간 수행을 하도록 되어 있다. 이것은 신앙심이라는 요소도 작용하지만 전해진 불교 형태가 그렇기 때문이다.

타이는 스스로 수행하여 자신을 구한다는 생각에 기초한 상좌부불교다. 그래서 자신을 엄격하게 규율하기 위해 남성에게는 출가가 요구된다.

그러나 남자들이 모두 출가해 버리면 사회가 유지될 수 없다. 그래서 일시적으로 짧은 기간 안에 수행하면 되는데 이것이 바로 '일시승' 제도다.

강제된 것은 아니지만 어른이 되기 위해 필요한 의식이라고 생각하는 사람이 많기 때문에 대개의 남성은 20세가 되면 머리를 깎고 수행에 들어간다. 이때는 관청이든 민간 회사든 유급 휴가로 처리해 준다. 가정에서도 머리를 깎는 득도식(得度式)과 함께 친척과 이웃을 불러 잔치를 한다. 그리고 절로 향한다.

　　절에서는 매일 탁발과 계율의 생활을 보내게 된다. 이 수행을 하느냐 안 하느냐가 그 남성이 제 몫을 할 수 있느냐 없느냐의 중요한 기준이 되어 결혼의 조건이 되기도 한다.

타이에서는 일정 나이가 되면 모든 남성들이 승려가 되기 위해 출가한다.

라플란드의 산타클로스 마을

무엇을 생각할까요?
크리스마스 하면 떠오르는 사람으로 산타클로스를 들 수 있어요. 그렇다면 크리스마스 때마다 나타나는 산타클로스는 과연 어디에 살고 있을까요?

붉은 색의 헐렁한 옷에 하얀 수염, 순록이 끄는 썰매를 타고 하늘을 나는 산타클로스. 크리스마스 이브면 착한 일을 한 아이들에게 선물을 나누어 준다는 산타클로스를 만든 것은 미국의 광고 회사지만 모델이 된 것은 성 니콜라우스다.

성 니콜라우스는 4세기경의 인물로 실제로 주머니에 먹을 것과 옷가지를 넣고 다니다 가난한 사람이나 아이들을 만나면 나누어 주었다고 한다.

또 네덜란드에서는 12월 6일 아이들의 축일이 되면 아이들이 좋아하는 물건을 선물하는 풍습이 있었는데, 한 미국 회사가 이 풍습에 니콜라우스의 이미지를 접목시켜 산타클로스를 만들어낸 것이다.

그렇다면 산타클로스가 입고 있는 빨간 옷은 어디서 따온 것일까. 공기를 듬뿍 담아 따뜻해 보이는 산타의 옷은 라플란드 지역에 사는 '라프족' 의 의상이라고 한다.

핀란드의 라플란드 지역은 이 의상과 함께 눈 속을 질주하는 썰매 등 산타클로스가 갖고 있는 다양한 이미지와 맞아 떨어져 산타클로스가 평소에 이곳에 살고 있다는 인상을 전 세계 아이들에게 심어 주었다.

'올해 선물은 이런 것을 주세요, 배고파서 괴로워하는 아이들이 있는 나라가 있대요. 병이 나서 밖에 나가지 못하는 아이들을 할아버지의 썰매에 태워 주세요.'

이처럼 산타클로스에게 보내는 편지가 갈 곳을 모른 채 핀란드 우체국에 쌓이자 라플란드주의 로바니에미에 진짜 산타클로스 마을이 건립되었다. 이 마을에는 산타클로스 복장을 한 할아버지가 있는 사무실이 있어 전 세계 어린이들이 보내는 편지가 도착하면 거기에 답장을 쓰는 단체도 있다. 산타 할아버지를 만나고 싶다는 아이를 데리고 온 관광객도 방문할 수 있고 크리스마스에는 산타파크까지 오픈하고 있다.

덧붙여 말하자면, 산타에게 편지를 보내려면 'MR. SANTA CLAUS, ROVANIEMI FINLAND' 라고 써서 보내면 확실하게 도착한다.

라플란드의 눈 쌓인 풍경   빨간 옷을 입은 산타클로스   크리스마스가 되면 문을 여는 산타파크

이스터섬 돌조각상의 정체는 무엇일까?

작게는 1m에서 크게는 30m에 이르는 거대한 돌조각인 모아이상은 누가 어떻게 만들었는지 명백히 밝혀지지 않아 세계 7대 불가사의 중 하나예요. 이 거대한 돌 조각은 누가 왜 만든 걸까요?

세계 7대 불가사의 가운데 하나로 꼽히는 **이스터섬**의 모아이상은 세계 각지에 남아 있는 **거석문화**의 백미로 꼽힌다.

이스터섬은 남미의 칠레령으로 되어 있지만 본토에서 무려 4,500km나 떨어진 남태평양상에 있어 실로 남해의 외로운 섬이다.

그러나 모아이상을 만든 원주민은 거의 소멸되어 문화를 계승한 사람들이 없기 때문에 이 거대한 상이 어떻게 만들어졌는가 하는 것은 수수께끼로 남아 있다.

모아이상은 멀리 태평양을 바라보듯이 해안에 서 있는 상을 비롯해 1,000개의 석상이 있다. 그런데 아무리 생각해도 만든 장소에서 어떻게 이런 곳까지 옮겼을까 상상도 안 되는 곳에 서 있는 것도 많은데 아마도 처음에는 의례용 제단에 놓였던 석조상이 아니었을까 추측하기도 한다.

모아이상은 6세기 무렵부터 만들어지기 시작했다고 추정한다. 11세기에는 라노 라라크 화산벽의 응회암 화산재가 쌓여 굳어진 화석 을 깎아서 만들고 프카오라는 화산암으로 된

182

모자 같은 것이 씌워지게 되었다. 12~15세기에는 좀더 활발하게 모아이상이 제작되었는데 이때는 섬 인구가 1만 명 정도 되었으리라고 추정한다.

그러나 1722년 외지 사람들에게 이 섬이 발견된 이래 대부분의 주민들이 노예로 끌려가게 되었고 섬 내에 천연두가 돌면서 인구는 격감했다.

문화 전승자도 없이 이 섬이 수수께끼 문화가 된 것도 따지고 보면 백인들의 침략 때문이었다. 백인들이 빼앗아 간 것은 사람만이 아니었다. 비바람을 맞아 낡은 모아이상에는 눈이 없다. 흰색과 검은색의 색다른 돌로 만들어진 모아이상의 눈까지 백인들이 빼앗아 갔기 때문이다. 상 본체에서 떼내어진 인공 눈은 지금 이스터섬의 항갈로아 박물관에 수장되어 있어 멀리 태평양을 바라볼 수 없다.

그 때문인지 모아이상은 어딘가 모르게 슬퍼 보여서 마치 바다를 향해 마음의 눈으로 지난 역사를 말하고 있는 것 같다.

이스터섬 이스터섬은 칠레 서쪽의 남태평양상에 있는 섬이에요. 인구는 약 2천 명 정도예요. 네덜란드 탐험가인 J.로게벤이 1722년 부활절에 상륙해 이스터섬이라는 이름을 붙였어요.
모아이상이라 불리는 거석문화 유적이 있으나 이것들을 만든 사람들에 대하여는 명확하지 않아요. 이스터섬의 상징으로 세계적으로 유명한 모아이상은 높이 1~30m에 이르는 거대한 것으로서 대개는 해안을 따라 놓여져 있어요.

지리 속으로 점프!

거석문화 선사 시대 사람들이 커다란 돌을 이용해 만든 고대의 기념물을 만드는 문화를 거석문화라 한다. 거석기념물을 만드는 풍습은 일종의 종교적인 의미를 지니고 전파된 듯하다. 가장 오래 된 중심지는 동부 지중해 지역이었다고 추측할 수 있다. 이러한 거석문화를 통해 선사 시대의 사회적, 종교적 배경에 대해 중요한 단서를 찾을 수 있다.

해안선을 따라 쭉 서 있는 모아이상. 하염없이 태평양을 바라보고 서 있다.

요즘에도 문을 닫아 건 나라가 있을까?

나라 문을 걸어 잠그고 외국과 교류를 전혀 하지 않는 것을 쇄국이라 해요. 세계는 하나라고 할 정도로 교통이 발달된 현재는 어려운 일이지만 바로 얼마 전까지 쇄국을 한 나라가 있어요. 이 나라가 쇄국 정책을 펼친 이유는 무엇일까요?

부탄은 1970년 중반까지 외국과의 교류를 막는 **쇄국정책**을 편 나라였다. 이 나라는 1949년 인도의 보호령이 된 이래 1971년 유엔에 가입할 때까지 실태조차 정확히 파악할 수 없을 정도로 베일에 싸여 있었다.

부탄은 넓지 않은 국토에 60만 명의 사람이 살고 있는 **입헌군주국**으로 제4대 왕 추크 국왕은 외부 세계에 야유라도 하듯 입국하는 여행자를 제한하는 정책을 펴고 있다. 즉, 입국은 단체 여행에 한하고 그것도 연간 최고 800명 정도밖에 받아들이지 않는다. 체재 기간은 10일 이내로 관광부 승인이 필요하며 선전이나 조사를 위한 방문은 절대 허가하지 않는다는 것이다.

전 세계의 여행 상품을 취급하는 여행 전문사에서조차 부탄에 관한 지식이 거의 없을 정도인데 최근에야 비로소 실제 여행한 사람들에게서 정보가 드문드문 나올 정도다.

개인 여행자를 받아들이게 된 현재도 입국에는 엄격한 조건이 있고 개인인 경우 호텔 숙박요금 등에 전부 할증을 물린다. 상당한 시간과 돈이 있는 사람이 아니면 방문할 수 없는 고급 휴양지 같은 곳이다.

이같은 정책은 관광객들과 함께 자연스럽게 들어오는 물질문명으로 인해 부탄의 독특한 전통문화가 사라지지 않을까 우려하는 데서 비롯되었다.

그것을 단적으로 보여주는 것이 1986년부터 시작한 세계 최초의 금연국 선언. 물론 담배는 판매조차 안 한다. 청정한 티베트산의 공기를 오염시켜서는 안 된다는 산림관리, 자연환경 보호정책의 상징이다.

국왕은 '국민 총생산(GNP)보다 중요한 것은 국민 총행복량(GNH)'이라며 전통을 고수하는 쪽을 굳건하게 유지하고 있다.

지리 속으로 점프 !

쇄국정책 쇄국정책이란 다른 나라와의 통상이나 교환 무역을 허용하지 않는 외교정책이다. 쇄국정책은 국가의 정치 · 경제적인 위기를 외부의 위협으로부터 막으려는 데 그 목적이 있다. 대개의 경우 임시방편에 불과하고 결국에는 다른 나라와의 국제적인 상호관계를 맺을 수밖에 없다.
국가가 쇄국정책을 유지하려면 최소한 자급자족 능력과 방위력이 필요하다. 옛날에는 교통이 발달하지 못해 가능할 수도 있었지만, 세계가 좁아진 지금에는 거의 불가능한 일이다.

부탄의 4대 국왕 왕추크와 왕비들	부탄 왕국의 민속 공연	부탄의 어린 승려들

이웃 나라에 세금 내는 나라

이상하게도 세금을 이웃 나라에 내는 나라가 있어요. 바로 안도라 공화국이에요. 이 나라가 이웃 나라에 세금을 내고 있는 이유가 무엇일까요?

프랑스와 스페인의 국경, 피레네 산맥 동부에 있는 '**안도라 공화국**'은 이웃 나라인 프랑스와 스페인에 세금을 내고 있다. 면적은 약 450㎢, 인구는 7만 명으로 1993년 유엔에 가입했지만 이 나라의 역사는 매우 길다. 그것이 지금도 세금을 내고 있는 사정과도 이어진다.

8세기 말 아프리카 이슬람 교도들이 이베리아 반도로 들어와 스페인과 프랑스를 침입하려고 했다. 이슬람 교도의 세력 확대를 우려한 당시의 프랑크 왕국이 그들을 봉쇄하기 위해 스페인의 우르헬 주교가 지배하는 성당을 이곳에 세운 것이 이 공국의 시초다.

그 후 계속 스페인 통치하에 있었지만 주교의 감독 아래 상당한 자치권이 인정되는 특수한 지역이 되었다. 프랑스와 스페인 우르헬 주교 간에 치열한 주권다툼이 계속되다가 1278년에 공동통치가 결정되었다.

안도라는 독자적인 의회를 가지고 행정을 펴지만 사법권은 프랑스와 우르헬 교구의 주교가 쥐고 있다. 또 현재도 세금은 양쪽에 지불한다. 홀수 해에는 프랑스, 짝수 해에는 스페인으로 1년 걸러 세금을 낸다.

이 나라의 형식적인 국가 원수는 프랑스 대통령과 스페인의 주교가 공동으로 맡고, 현재 정부 수반은 2001년 4월 선출된 마르크 포르네 모네 총리가 맡고 있다.

독립 후엔 관광 산업으로 경제를 유지하고 있는데 스키 관광객과 쇼핑객을 중심으로 연간 1,300만 명이 찾는다.

이 나라에는 소비세가 없기 때문에 소비세율이 20%를 넘는 프랑스 국민들이 보면 정말로 쇼핑 천국이다. 조금 떨어진 쇼핑몰에 쇼핑을 하러 가는 기분으로 많은 사람들이 국경을 넘어 방문한다.

안도라 공화국 안도라는 프랑스·스페인의 국경, 피레네 산맥의 동부에 있는 인구 7만의 작은 나라예요. 관광 수입 등으로 나라가 부강해지자 1993년 6월 1일 프랑스와 스페인은 안도라를 주권 국가로 승인했어요. 안도라는 같은 해 7월 UN에 가입했어요. 헌법에 따라 의회가 구성되고 1997년 4월 신정부가 출범했어요.

안도라 공화국의 도시	안도라 공화국의 도심 모습	안도라 공화국의 마르크 포르네 모네 총리

영토없는 국가, 몰타기사단국

우표나 화폐, 여권을 발행하고 50여 개 나라와 외교 사절도 교환하는데, 영토가 없는 나라가 있어요. 이 나라는 무슨 이유로 영토 없는 나라가 되었을까요?

아라비아 반도에서 일어난 기독교가 점차 동쪽으로 가서 로마 제국 건설의 기초가 되었고 권력 확대의 무기가 된 것은 흔히 알려진 일이다. 그러나 기독교가 동쪽으로 세력을 넓히는 데 힘을 쏟고 있는 동안 자신들의 성지는 이슬람 세력의 손에 넘어가고 말았다. 성지를 되찾기 위해 1099년 제1차 십자군 원정이 시작되었다.

이때 원정군을 중심으로 만들어진 것이 '**성 요한 기사단**' 이다. 이 기사단은 900년이 지난 현재까지 지속되어 지금은 '몰타 기사단국' 이란 이름으로 전 세계에 1만 2천 명의 단원을 거느리고 있다.

정식 명칭이 '예루살렘 로도스 몰타의 성 요한 최고 기사 수도회' 라는 이 단체는 국토는 없지만 우표나 금화, 여권을 발행하고 **국제연합**의 옵서버 자격 국제연합총회에서 의결권은 없지만 참석해 활동할 수는 있는 지위을 갖고 있다. 로마에 본부를 두고 전 세계에 200개나 되는 병원이나 고아원 등의 시설을 운영하면서 독자적인 헌법을 지키고 국회 · 정부 · 재판소도 운영하고 있다. 게다가 50개 가까운 국가와 외교 사절을 교환한다고 한다.

이 조직은 소위 싸우는 수도사로 십자군 이래 로마 교황의 허가를 얻어 이슬람 세력과 싸우며 환자 치료에 봉사하는 사회봉사 단체로서 존재해 왔다.

예루살렘이 다시 이슬람의 손에 넘어간 1291년에 철수하여 본거지를 키프로스로, 후에 다시 로도스섬에 두고 국가의 체제를 정비하기 시작했다. 그러나 오스만투르크의 세력 확대에 따라 거주를 옮길 수밖에 없었고 이렇게 이주를 계속하면서 몰타에 도착한 것이 16세기의 일이다. 이런 역사가 현재의 긴 정식 명칭에 반영되어 있다.

18세기 말에는 나폴레옹에 패배하여 몰타에서 쫓겨났고 이윽고 로마에 본부를 두면서 현재에 이르고 있는데 그동안 한 번도 내부 결속이 흐트러진 적이 없다고 한다. 오스만투르크의 유럽 침입을 저지하는 역할을 했던 것과 신자들의 기부로 막대한 재산을 갖고 있는 것이 현재까지 살아남을 수 있는 큰 이유라고 할 수 있다.

성 요한 기사단 요한 기사단은 십자군 시대에 탄생한 전투적 수도회예요. 몰타 기사단이라고도 해요. 제1차 십자군 전쟁때 병자의 간호를 목적으로 예루살렘 부근에 설립되었어요. 십자군 전쟁 때에는 이교도와 싸우는 군사 조직이었으나 부상자 및 환자의 간호와 구조를 맡았으므로 병원 기사단이라고도 불렸어요. 몰타섬의 전제주의 국가가 되었으나 프랑스 혁명 때 혁명 정부에게 영토를 몰수당하고 현재는 로마의 한 수도회로 남아 있어요.

지리 속으로 점프 !

국제연합(United Nations) 국제연합은 1945년 4월에서 6월에 걸쳐 열린 샌프란시스코 회담을 통해 만들어졌다. 국제연합 헌장에 새겨진 유엔의 창설 목적은 '세계의 평화와 안보의 유지'다. 국제연합은 세계의 전쟁을 막고, 평화를 지키기 위해 만들어진 국제기구의 역할을 한다. 정치, 경제, 문화 등 다양한 분야에서 국제적인 협력을 이끌어낸다. 안전보장이사회가 최고의 책임을 지는 집행기구이고, 비상임이사국과 상임이사국으로 이루어져 있다. 이 외에도 경제, 금융, 사회, 문화 등 여러 부문에서 국제적 사업을 진행하는 전문기구들이 각각의 역할을 수행한다. 국제통화기금, 국제연합식량농업기구, 세계보건기구 등을 예로 들 수 있다.

몰타 기사단　　　　　　　　국제연합 가입국의 깃발들

해적 드레이크에게 보낸 여왕의 비밀 편지

지리상의 발견이 계속되었던 대항해 시대는 해적의 시대이기도 했다. 이런 시대 배경 속에서 역사의 표면에 두드러지게 나타나는 해적이 바로 영국인 해적 프란시스 드레이크다.

당시 영국은 스페인이라는 대국 앞에 해외무역 면에서 크게 뒤져 있었다. 영국을 다스리고 있던 여왕 엘리자베스에게는 스페인에게 뒤져 있는 국력을 회복할 돌파구가 절실히 필요했다. 이때 여왕의 귀에 들어온 것이 바로 드레이크라는 해적. 드레이크는 카리브해의 거친 바다를 누비는 해적에 불과했지만 언젠가는 마젤란처럼 세계일주를 하고 싶다는 야망을 가진 사나이였다. 그의 활약상을 들은 엘리자베스 1세는 그에게 흑색 도장이 찍힌 밀지를 보냈다. 드레이크는 여왕의 비밀 명령을 실행에 옮겼다. 그리고 세계일주라는 이름을 내세워 엄청난 노략질을 해대기 시작했다. 1577년 12월부터 약 2년 10개월에 걸친 세계일주 동안에 그가 한 행위는 실로 해적 행위 그 자체라고 할 수 있는 것으로 이 여행은 여왕에게 막대한 이익을 주었다.

이것으로 드레이크는 나이트(기사) 칭호를 받았고 이후 스페인 무적함대와의 전투에서도 영국 해군 중장으로 참가하는 등 활약을 보였다. 그는 넬슨 제독과 함께 영국인들이 가장 추앙하는 바다 영웅으로 꼽히고 있다.

프란시스 드레이크

엘리자베스 여왕에게 기사 작위를 받는 드레이크

엘리자베스 1세

포카혼타스가 구한 영국 탐험가

영국인들이 활발하게 미국으로 이민을 가던 시대인 1607년, 한 청년이 미국 포더막 강가의 체서피크만에 내렸다. 그가 이끌고 온 배는 겨우 세 척, 그러나 모험심에 불타는 청년 존 스미스는 동행한 개척자들과 함께 뉴잉글랜드 연안을 탐색하는 모험을 계속했다.

당시는 초기 개척 시대로 원주민과 이주해 온 개척자들 사이에 끝없는 갈등과 전쟁이 계속되었다. 젊은 탐험가 스미스도 각지에서 원주민과 개척자와의 싸움을 목격하였다.

어느 날, 동행하던 동료들이 미국의 유명한 인디언 종족인 파우하탄족에게 살해되고 그 자신도 포로가 되는 불행이 찾아왔다. 파우하탄족은 자신들의 땅을 어지럽히는 영국인은 무조건 화형을 시킨다는 불문율을 갖고 있는 종족이었다. 죽음을 모면할 길은 없어 보였다. 모든 것을 체념한 스미스는 그들이 이끄는 대로 순순히 발걸음을 옮겼다.

이때, 한 아름다운 인디언 아가씨가 그들을 가로막았다. 파우하탄족 족장의 딸, 포카혼타스였다. 스미스는 포카혼타스 덕분에 목숨을 구할 수 있었다. 그리고 1609년 뉴잉글랜드 지역 탐험을 마치고 무사히 영국으로 돌아갈 수 있었다. 그의 목숨을 구해준 포카혼타스는 훗날 영국인과 결혼했다고 전해진다.

인디언 처녀 포카혼타스

포카혼타스와 그의 아들로 추정되는 사진

포카혼타스가 구해준 존 스미스

01 재미있는 지명 이야기

호랑이를 사자로 착각한 이름, 싱가포르 · 194 | 영국이라는 나라는 없다 · 196 | 세계에서 가장 짧은 지명, 긴 지명 · 198 | 산성비로 병든 검은 숲의 마을 · 200 | 버마는 왜 미얀마로 바뀌었을까? · 202 | 7개의 바다는 어디일까? · 204 | 개에서 유래된 카나리아 제도 · 206 | 사실은 얼음 나라인 그린란드 · 208 | 도둑놈 섬이라는 오명을 벗은 괌섬 · 210 | 예쁜 지명 뒤에 숨겨진 슬픈 역사 · 212 | 황해는 정말 노란색일까? · 214 | 헬베티아라는 나라를 아세요? · 216 | 재미있어지리 – 진화론의 진짜 주인공은? / 메카에 침입한 이탈리아 탐험가

호랑이를 사자로 착각한 이름, 싱가포르

싱가포르는 '사자 마을'이라는 의미예요. 그런데 그게 호랑이를 사자로 착각해서 붙여진 이름이래요. 도시 이름은 어떤 식으로 지어지는 걸까요?

싱가포르라는 이름의 어원은 산스크리트어 고대인도 아리아어로 전 인도의 고급 문장어 로 '싱가(사자)'와 '프라(마을)'가 결합된 것이다. 옛 이름은 '테마섹(바다의 도시)'이라고 한다. 전해온 얘기로는 1025년에 이 땅을 습격한 동인도 촐라 왕조의 라젠드라콜라 데바 1세가 지었다고 알려져 있지만 14세기에 쓰여진 중국 서적 등에도 여전히 테마섹으로 되어 있다.

한편 말레이 반도에 전해진 말라카 왕국의 역사서 《스잘라 무라유》에서는 이 책에 등장하는 한 사람의 영웅이 이 마을의 이름을 지었다고 전한다. 그는 말레이 반도의 맞은편 연안에 있는 수마트라로 빛났던 스리비자얀 제국의 일족으로 말레이 반도를 침공해 테마섹 도시를 세웠다는 인물이다.

어느 날 그는 수마트라에서는 본 적이 없는 기묘한 동물을 발견했다. '발이 빠르고 힘이 좋으며 빨간색으로 머리가 검고 가슴이 흰 동물'이라고 《스잘라 무라유》에 기록된 동물을 그는 소문으로만 알고 있던 사자가 틀림없다고 생각했다. 그는 '이 동물은 좋은 일을 몰고 오는 동물이라고 들었는데 정말 운이 좋았다. 그렇다면 이 도시의

194

이름을 사자의 마을, 즉 싱가프라라고 부르자.' 라고 말했다고 한다.

　　수마트라 사람이 왜 산스크리트어로 말했는가 하는 의문이 들기는 하지만 그보다 더 이상한 것은 사자의 등장이다. 이제까지의 역사서 속에서 말레이 반도에 사자가 살았다는 기록은 없는데 아마도 그 당시 호랑이를 사자로 착각한 것이 아닐까 추측된다.

　　그리고 1819년, 영국 **동인도회사**가 이곳을 무역항으로 열었을 때 처음으로 영국 사투리로 된 지명 '싱가포르' 가 문헌에 등장한다.

싱가포르 싱가포르는 동남아시아에 있는 섬으로 이루어진 도시 국가로 수도는 싱가포르예요. 언어는 중국어, 영어, 말레이어, 타밀어 등을 사용한답니다. 싱가포르는 영국 동인도회사의 래플스경이 네덜란드 동인도회사에 대항하기 위해 사들인 뒤, 영국 식민지로서 군사·경제적으로 식민 지배의 핵심적 존재였어요. 제2차 세계대전이 끝난 후 중국인을 중심으로 반(反)식민지운동이 활발해지면서 1959년 자치령이 되었다가 1965년 8월에 독립했답니다.

지리 속으로 점프 !

동인도회사 17세기 초 영국·프랑스·네덜란드 같은 서양의 여러 강대국들이 동양 시장에 대한 독점 무역권을 얻어 내 동인도에 설립한 회사들을 동인도회사라고 한다.
영국 동인도회사는 특히 인도 무역에 많은 노력을 기울여, 인도 무역을 거의 독점하고 동시에 인도의 식민지화를 추진하기 시작했다. 그러나 원래 사적인 상업 회사였던 영국 동인도회사는 경영난을 겪으면서 영국 정부의 감독을 받게 되었다. 1858년 인도 '세포이의 난' 이후 인도 전체가 영국 통치하에 들어가면서 동인도회사는 그 기능을 상실하게 되었다.
결국 전근대적인 독점상업조직인 동인도회사는 자본주의가 세계에 확산되면서 끝을 맞이하게 되었다. 그러나 이러한 독점 무역을 통해 유럽 여러 나라는 많은 자본을 축적할 수 있었다.

싱가포르를 무역항으로 키운 동인도회사의 래플스 경

싱가포르의 멋진 야경

싱가포르 전경

영국이라는 나라는 없다

무엇을 생각할까요?
우리가 알고 있는 영국이라는 나라는 이름이 다양해요. '영국연합왕국', '영국연방', '잉글랜드'. 어떤 것이 진짜 이름일까요?

'**영국**'이라고 쓰는 것은 외국 국명을 한자로 표기하던 시대의 '英吉利'를 줄인 것으로 '영어'도 마찬가지다. 이 나라의 정식 명칭은 'United Kingdom of Great Britain and Northern Ireland'이다.

이 명칭은 영국이라는 나라의 성립을 그대로 나타낸다. 즉 유럽 대륙 서쪽에 있는 두 개의 섬 가운데, 그레이트브리튼섬과 아일랜드섬 북부로 된 연합왕국이라는 것이다.

연합왕국이라고 하는 이유는 그레이트브리튼섬이 잉글랜드와 웨일스 그리고 스코틀랜드라는 지방으로 나뉘었기 때문이다. 이들 지방은 원래 각각 독립국이었기 때문에 이들을 묶어 '연합'이라 이름 지었다.

축구나 럭비에서는 현재도 이들 지방마다 대표팀을 만들어 국제 대회에 참가한다.

우리가 '잉글랜드'라고 부르게 된 것은 이중 한 지방인 잉글랜드의 이름이 그대로 굳어진 것이다.

영국 영국은 유럽 대륙 서쪽에 있는 섬 나라로 '영국연합왕국'이라고도 불러요. 정식 명칭은 '그레이트브리튼 및 북아일랜드 연합왕국'이에요. 영국을 흔히 잉글랜드(England)라고 하지만 잉글랜드는 그레이트브리튼의 일부일 뿐이에요. 그 밖에 웨일스와 스코틀랜드가 합해져 그레이트브리튼을 형성합니다.
연합왕국의 유래는 1801년 아일랜드가 그레이트브리튼과 연합왕국을 형성했을 때부터예요. 그후 1921년의 에이레가 아일랜드 자유국이 되었을 때 북아일랜드가 영국의 일부로 남아서 현재의 연합왕국이 생겼어요.

지리 속으로 점프!

영국연방 영국연방은 영국 본국과 한때 영국의 식민지였다가 독립한 53개국으로 구성된 연방이다. 오스트레일리아 · 뉴질랜드 · 캐나다 · 몰타 · 말레이시아 · 싱가포르 · 방글라데시 · 인도 · 스리랑카 · 키프로스 · 나이지리아 · 가나 · 시에라리온 · 감비아 · 케냐 · 우간다 · 탄자니아 · 말라위 · 잠비아 · 보츠와나 · 스와질란드 · 레소토 · 세이셸 · 모리셔스 · 바하마 · 자메이카 · 도미니카 · 세인트루시아 · 세인트빈센트 · 그레나딘 · 바베이도 · 트리니다드토바고 · 가이아나 · 사모아 · 통가 · 키리바시 · 투발루 · 피지 · 나우루 · 솔로몬 · 파푸아뉴기니 등이 영국연방에 속한다.

연합왕국의 국왕이자 영국연방의 수장인 엘리자베스 2세와 남편 에딘버러공   잉글랜드 런던의 거리

세계에서 가장 짧은 지명 긴 지명

무엇을 생각할까요?
세계의 지명들을 살펴보면 한 지역인데 이름은 여러 개인 곳이 많아요. 또 이름이 짧은 곳도 있고, 긴 곳도 있어요. 어느 지역의 이름이 가장 길까요?

외국에는 신기하게도 알파벳 한 글자로만 된 지명이 존재한다. 그것은 노르웨이의 'Å' 이다. 북극권에 있는 항구 도시 나르비크 앞바다에 떠 있는 로포텐 제도에 근접한 네 곳의 지명이 바로 이것이다. 우리말로 쓰면 '오' 에 가까울 것이다.

이 문자를 1억분의 1cm를 나타내는 '옹스트롬' 의 단위 기호로 알고 있는 사람도 있을지 모른다. 옹스트롬은 태양 스펙트럼도(圖)를 완성한 스웨덴의 물리학자 **옹스트룀**에서 따온 것이다. 그가 태양의 파장을 측정하면서 사용한 10의 마이너스 8승 cm라는 단위다.

그런데 이 A 문자 위의 ° 표시는 스웨덴어 발음 기호로 처음에는 AA라고 썼다고 한다. 그랬을 때, 이 지명이 과거에는 'AA' 두 글자였을 가능성도 있다.

그러면 세계에서 가장 긴 지명을 사용하는 곳은 어디일까? 그것은 타이의 수도 방콕이다.

'방콕' 은 대외적으로 편의상 사용되는 이름이고 이 도시의 정식 명칭은 'Krungthep Mahanakohon(크룽텝 마하나콘)……' 으로 단어 수만 12개, 알파벳으로 하면 175자나 이어지는 머리가 멍해질 정도의 이름이다.

이렇게 긴 이름을 타이 아이들은 초등학교에 입학하면서 가장 먼저 암기한다.

그러나 어른이 되어서까지 기억하는 사람은 많지 않고 대개는 '천사의 도시'라는 의미의 첫 단어 '크룽텝'만 부르는 것이 일반적이다.

실제로 사용되고 있는 지명 가운데 긴 것을 말하자면, 뉴질랜드에 있는 높이 305m의 구릉 이름일 것이다. 이곳은 'Taumatawha……'라고 알파벳이 끊임없이 85자나 쭉 이어진 이름이다. 마리오어인 이 단어의 의미는 '거인 타마테어가 사랑하는 사람을 위해 피리를 불었다.'는 뜻인데 그 타마테어가 커다란 발로 산들을 미끄러져 내려오다가 다시 올라가고…… 하는 식으로 그가 얼마나 큰 거인인가 하는 것을 설명하는 형용사가 죽 이어져 있다.

옹스트룀 옹스트룀은 스웨덴의 물리학자예요. 스펙트럼 연구에 많은 업적을 세웠어요. 1868년 태양의 프라운호퍼선(線) 파장을 측정하면서 10의 마이너스 8승 ㎝라는 새로운 단위를 도입했는데 후에 옹스트룀(기호 Å 또는 A)이라 하게 되었대요.

방콕 방콕은 타이의 수도예요. 타이어로는 '천사의 도시'란 의미예요. 전형적인 열대 몬순 기후에 속해 1년 내내 높은 기온이 계속돼요. 정치·경제·사회·문화 등 모든 면에서 타이의 중심지예요.

옹스트룀   방콕 도심   방콕의 명물, 수상 시장

'검은 숲', 현지어로 슈바르츠발트 지방은 독일 남서부의 프랑스와 스위스 국경 근처에 있는 삼림지대로 멀리서 보면 까맣게 보인다는 이유로 이런 이름을 얻게 되었다.

해발_{바다 평균 수면을 기준으로 잰 높이} 500~1,000m에 걸쳐 펼쳐진 숲으로 자연과 인간이 공존하는 생활을 볼 수 있는 곳이다.

일찍이 이 숲이 산성비의 피해를 입어 소멸의 위기를 맞았던 적이 있었다. 1960년대 중반 무렵부터 **입고병**에 걸린 나무들이 보이기 시작했는데 그 원인을 몰라 이곳에서 일하는 삼림 보호자들은 불안해했다.

1970년대에 와서야 겨우 **산성비**가 원인이라는 것을 알게 되었는데 그 때까지는 이 사실이 외부로 새어나가지 않도록 관계자들에게 엄격한 함구령이 내려졌다고 한다. 스스로를 '삼림의 민족'이라고 부를 정도로 자연을 더없이 사랑하는 독일 국민에게 불안을 줄지 모른다는 것이 그 이유였다.

지금은 숲에 코르크를 뿌려 빗물이 땅속으로 스미는 것을 방지하는 등의 연구가 진행되고 있지만 땅속 20~40m까지 산성으로 변화되어 있어 회복에는 상당한 시간이 걸릴 것이다.

　　일조량을 늘리기 위한 **간벌**, 목초지에 나무 심기, 목초지의 확대 등도 '검은 숲' 의 경관을 손상시키지 않도록 심사를 받은 뒤에 실시해야 하고 수렵도 제한하는 등 정부와 주민들은 '검은 숲' 의 생명을 지키기 위해 노력하고 있다.

입고병(立枯病) 균사체 때문에 전염되는 식물병이에요. 식물 줄기의 지표면 가까이에 발생하고, 어린 모의 줄기가 무르게 되고 잘록이 생기며 말라 죽는 병이에요. 이 병은 식물의 떡잎이 생긴 때부터 발생하며, 160종 이상의 식물에서 발생해요.

간벌 간벌은 숲을 가꾸는 방법의 하나예요. 중요한 나무를 잘 자라게 하기 위해 쓸모 없는 나무를 베어내는 거예요.

지리 속으로 점프 !

산성비 산성이 강한 비를 산성비라고 한다. 산성비는 산성을 띤 호수를 만들고, 토양의 성질을 바꾸는 등 생태계에 큰 영향을 미친다. 산성 호수에서는 이끼나 갑각류, 조개 등이 살 수 없고, 성질이 바뀐 토양은 삼림에 피해를 입히는 등 생태계를 파괴시킨다. 산성비의 원인은 도시화, 산업화에 따른 공해 때문이다. 공기에 황산화물, 질소산화물이 섞여 이것이 황산, 질산으로 변해 비와 함께 내리는 것이라고 추측한다. 그러나 아직 그 원인이 확실히 밝혀지지는 않았다.

슈바르츠발트의 아름다운 전경들

대기오염이 산성비의 한 원인이에요.

버마는 왜 미얀마로 바뀌었을까?

무엇을 생각할까요?

갑자기 나라 이름을 바꿔 버린 나라가 있어요. 나라 이름이 바뀌면 많은 사람들에게 혼란을 줄 텐데, 이름을 바꾼 이유는 뭘까요?

1988년 미얀마에서는 오랫동안 이어져온 사회주의 체제가 무너지고 민주화의 목소리가 점차 높아지면서 이를 쟁취하려는 군중들의 데모가 빈발했다. 그로 인해 사회주의 정권이 무너졌지만 데모를 진압하던 군부에 의해 다시 강력한 군사 정권이 탄생했다.

새로운 정부는 이듬해, 국명에 대한 새로운 법률을 공포했는데, 국명의 영어식 호칭을 '버마(Burma)' 에서 '**미얀마**(Myanmar)' 로 변경한다는 내용이었다.

미얀마 정부의 법률 공포에 맞추어 여러 나라에서는 신문이나 사전도 버마의 국명을 '미얀마' 로 통일하는 수정 작업을 벌였다.

하지만 이 나라의 공용어는 여전히 '비르마어' 라고 불린다. 민족, 언어, 문화 등 학술적인 용어에서는 '비르마' 라는 말을 사용해도 된다고 한다. 이것은 대체 무엇 때문일까?

새 국명은 갑자기 출현한 것이 아니다. 비르마 비르마어의 발음으로는 버마가 된다 도 미얀마도 이미 쓰이고 있었다. 미얀마는 문어적(文語的) 호칭이고 비르마는 구어적(口語的) 호칭이다.

12세기경 비르마어의 비문에는 '무란마' 라는 표현으로 민족명이 남아 있는데 이것이 음운 변화로 문어인 미얀마로, 거기에서 다시 구어인 버마로 변한 것이다.

서양 각국이 이 나라를 방문하게 되었을 때 당시 그곳 사람들이 무란마라고 발음한 것을 '비르마', '바르마', '버마' 등으로 듣고 자국의 언어로 옮겨 놓은 듯하다.

이렇게 하여 영어 표기인 버마가 이 나라의 공식 국명이 되었던 것인데 군사 정권에서는 버마는 비르마족만을 가리키는 말이며 자국의 민족 전체를 가리키려면 미얀마 쪽이 어울린다는 이유로 명칭을 변경했다.

미얀마 미얀마는 인도차이나 반도와 인도 대륙 사이에 있는 나라예요. 수도는 양곤이고 비르마어를 사용해요. 1989년 국명이 버마에서 미얀마로 개칭되었어요.

미얀마의 자연 경관

미얀마 여인

7개의 바다는 어디일까?

바다의 종류는 굉장히 다양해요. 큰 바다인 대양과 부속해로 지중해 등도 있고, 해협도 있어요. 어떤 차이가 있는 걸까요?

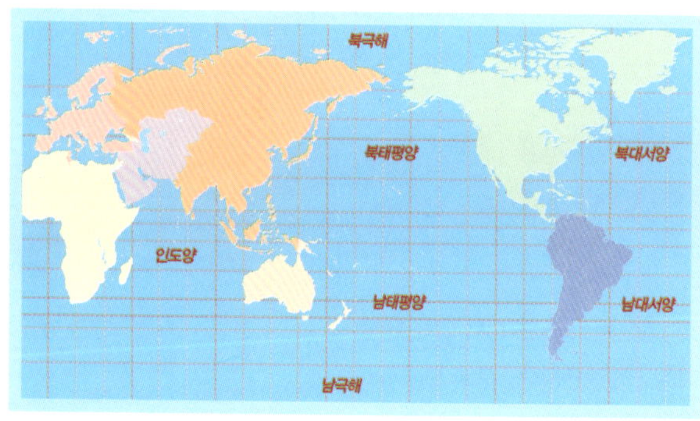

'7개의 바다' 라는 표현이 유명해진 것은 《정글북》으로 알려진 러디어드 **키플링**이 '7개의 바다' 란 시집을 출판한 후부터다.

그러면 이 7개의 바다란 대체 어디를 말하는 것일까? 이것을 쉽게 말할 수 있는 사람은 세계 지리의 달인이다.

우선 태평양과 대서양 정도는 금새 나올 것이다. 다음으로 인도양. 그럼 그 다음은?

사실 이 7개의 바다를 나누는 것은 시대와 함께 조금씩 달랐다. 15세기 이전에는 배의 항해 범위도 좁아 홍해, 지중해, 페르시아만, 흑해, 아드리아해, 카스피해, 인도양이 '7개의 바다' 였다.

근대에 들어오면서 태평양과 대서양을 남북으로 나눈 북태평양과 남태평양, 북대서양과 남대서양, 그리고 남빙양 ,북빙양, 인도양을 가리켰다.

현재는 사람과 지역에 따라 다르지만 대개 북극해, 남극해, 북태평양, 남태평양, 북대서양, 남대서양, 인도양을 지칭한다.

학술적으로 바다는 '대양'과 '부속해'로 나뉜다. 대양은 태평양, 대서양, 인도양 세 곳뿐. 남극해나 북극해는 각각 이 대양의 일부분으로 들어간다.

대양에 비해 넓이가 작은 해양인 부속해는 다시 '지중해'와 '연해'로 나눌 수 있다. 지중해는 주위가 대부분 육지로 둘러싸여 있는 바다로 유럽의 지중해 외에 북극해, 발트해, 홍해가 여기에 속한다.

'연해'는 섬이나 반도로 불완전하게 둘러싸여 있는 바다로 베링해, 오호츠크해, 아라비아해, 동해가 여기에 속한다.

키플링 키플링은 영국의 소설가로 우리에게 잘 알려진 《정글 북》(1894)을 비롯한 많은 단편 소설을 썼어요. 1907년 노벨문학상을 수상했어요.

러디어드 키플링

대서양의 부속해인 지중해

개에서 유래된 카나리아 제도

지역 이름을 지을 때는 그 지방의 동물 이름도 참고가 된다네요. 그렇다면 카나리아 제도의 이름은 어떤 동물과 관련이 있을까요?

스페인에서 약 105km, 모로코에서 500km 거리인 아프리카 북서부 대서양에는 스페인령 카나리아 제도 어떤 해역에 흩어져 있는 많은 섬을 통틀어 이르는 말가 있다. 15세기에 스페인의 전신 카스타라의 영토가 된 이래, 콜롬부스가 처음 항해할 때도 글랑카나리아섬의 라스팔마스에 기항하는 등, 대서양을 횡단하는 스페인 배들의 중요한 중계 기지였다.

유럽에 가깝기 때문에 이 섬들은 로마 시대부터 많이 알려져 있었는데 카나리아라는 이름도 **플리니우스**가 붙였다고 한다. 이것은 라틴어의 '카니스(개)'가 어원으로 이 섬에 야생의 개가 많다고 해서 붙여진 이름이라고 한다.

아름다운 목소리로 지저귀는 작은 새 **카나리아**는 이 **카나리아 제도**가 원산지여서 그렇게 불리게 된 것으로 카나리아 제도보다 북쪽에 위치하는 마딜라 제도와 아졸레스 제도에도 원래의 품종이 분포해 있다.

즉, 유럽인들이 그 새를 처음으로 잡은 장소가 카나리아 제도였기 때문에 새의 이름을 후에 카나리아라고 부르게 된 것이다.

그리고 16세기에 스페인 사람들이 이 카나리아를 가지고 돌아와 사육을 시작했는데 갑자기 상류 사회에 유행하여 전 유럽에 퍼지게 되었고 현재는 애완용으로 기르게 되었다.

플리니우스 플리니우스는 고대 로마의 정치가이자 학자예요. 37권으로 이루어진 오늘날의 백과사전 같은 《박물지》를 만들었어요. 이 작업에는 100명의 정선된 저술가들이 동원되었고, 다루고 있는 내용만 해도 2만 항목이 넘는다고 해요.

카나리아 카나리아 제도가 원산지인 애완용 새예요. 16세기에 스페인 사람이 아프리카 북서부의 카나리아 제도에서 갈색의 야생 카나리아를 이탈리아로 가져가면서 세상에 널리 알려지기 시작했어요.

카나리아 제도 카나리아 제도는 아프리카 북서부 대서양에 있는 화산 제도로 스페인의 땅이에요. 경제는 농업이 중심이고 수산업도 활발해요. 대서양 정기항로의 요지이며 관광지로도 유명해요.

플리니우스

대서양의 아름다운 섬 카나리아 제도

애완용 새로 사랑받고 있는 카나리아

사실은 얼음나라인 그린란드

지역의 이름과 자연 환경이 꼭 일치하는 것은 아니에요. 아이슬란드와 그린란드가 대표적이지요. 두 지역의 이름과 자연 환경은 어떻게 다른 걸까요?

아이슬란드는 대서양 북부 스칸디나비아 반도와 평행으로 가로놓인 섬 나라이다. 9세기에 처음으로 이 섬에 온 노르웨이의 개척단이 어디를 봐도 얼음밖에 없자, '이곳은 얼음 섬이다!' 라고 말한 데에서 이름 지어졌다고 한다. 남부의 수도 레이캬비크를 중심으로 24만 명 정도의 사람이 살고 있다.

이곳은 지질학적으로 진귀한 섬으로 대서양중앙 **해령**이라는 해저 화산의 윗부분이 해상에 나타나 있는 섬이다. 화산섬인 만큼 얼음의 섬이라는 이름을 가지고 있지만 온천이 샘솟아 그것을 수돗물처럼 각 가정에 공급하여 목욕이나 세탁, 난방에 사용하고 있다.

진짜 말 그대로 '아이슬란드(얼음의 땅)' 라면 1933년 이후 덴마크령이 된 **그린란드**가 더 어울린다. '녹색의 땅' 이라는 이름을 갖고 있음에도 불구하고 섬으로서는 세계에서 제일 큰 217만 5,600㎢의 면적 가운데 6분의 5가 북극권에 포함되어 있다. 대지의 85퍼센트가 얼음으로 뒤덮여 있는 셈이다.

　남서부에서만 연평균 기온이 0도를 넘고 대부분이 연평균 영하 20도를 밑돌기 때문에 식물이 거의 자라지 않는다. 따라서 농경생활은 전혀하지 않는다.

　그런데도 이런 이름이 붙여진 것은 10세기 말 **바이킹**의 조상이라고 하는 북유럽의 전설적인 인물 '**에리크**'가 이 섬을 처음으로 발견했을 때 멀리서 보니 녹색으로 보였기 때문이라고 한다. 유럽에서 이민자를 모집하기 위해 이런 이름을 지었다고도 하는데 결국 아무도 살 수가 없어 물개와 해마, 담비, 순록 등을 수렵해서 그 모피를 팔아 생활하는 이누족들만이 남았다. 현재는 6만 명의 인구가 살고 있다.

그린란드 그린란드는 북아메리카 북동부 대서양과 북극해 사이에 있는 세계 최대의 섬이에요. 덴마크 소유의 섬으로 982년 노르웨이인 에리크가 최초로 섬에 상륙하여 '초록섬', 즉 그린란드라고 이름 지었다고 해요. 985년부터 이주가 시작되었고 처음엔 노르웨이가 지배했어요. 그러나 1721년 선교사 H.에게데가 그린란드의 중심지인 고트호브에 식민지를 개척함으로써 오늘날 덴마크령이 되었어요. 원주민인 에스키모와 유럽인의 혼혈족인 그린란드인이 주축을 이루며 어업과 수렵 생활에 종사하고 있어요.

바이킹 기원전 10세기경, 유럽 여러 해안을 휩쓸던 모험적인 '북방 노르만족'을 통틀어 이르는 말이에요.

에리크 에리크는 노르웨이의 항해가예요. 살인을 하고 추방된 아버지를 따라 고향 노르웨이에서 아이슬란드로 이주하여 살았어요. 그 역시 살인을 하고 추방되자 그린란드를 발견하고 탐사(986년경)한 뒤 그곳에서 살았어요.

지리 속으로 점프 !

해령 깊은 바닷속에서 좁고 길게 솟아오른 지대를 해령이라고 한다. 해저산맥이라고도 하는데, 지형이 불규칙하고 경사가 가파르다. 일반적으로 해령은 대양과 지리적 특성이 서로 다른 두 지역 즉, 대양과 대륙 사이에서 나타나며 두 지역의 중간적인 형태를 나타낸다. 대서양의 대서양중앙해령과 인도양의 동인도해해령, 인도양중앙해령이 유명하다.

그린란드의 아름다운 자연 풍경

그린란드의 도시

도둑놈섬이라는 오명을 벗은 괌섬

대 항해가 마젤란은 남의 섬에 '도둑놈 섬'이라는 이름을 붙였다고 하네요. 도대체 무슨 일이 있었길래 이런 이름을 지었을까요?

맨 처음 이 섬에 '도둑놈'이라는 이름을 붙인 것은 세계일주로 대 항해 시대의 마지막을 장식한 **마젤란**이다. 그는 마젤란 해협에 이름을 남기고 태평양에도 이름을 붙인 사람이지만 자신이 제독이었던 일행의 세계 항해를 끝까지 보지 못하고 도중에 필리핀에서 전사했다.

이것은 그가 아직 살아 있을 때의 이야기이다.

마젤란 해협을 지난 뒤 일행은 작은 무인도 두 개를 발견하고, 아주 평온한 (pacific)바다를 99일 동안이나 서쪽으로 서쪽으로 항해했다. 그리고 1521년에 도착한 어느 섬. 작은 배를 이용해 섬에 상륙한 마젤란 일행은 정말 눈 깜짝할 사이에 작은 배를 도난당하고 말았다. 범인은 바로 섬 원주민들이었다.

이 사실을 알고 분노한 마젤란은 그 섬의 집들과 그들이 가지고 있던 배를 불태

우고 자신의 배를 되찾은 후, 이 섬을 '이졸레 데 리 라들로니'라고 명명했다. 이렇게 하여 포르투갈어로 '도둑놈 제도'가 된 이 섬이 현재의 **괌**이다.

이후 몇 세기 동안이나 괌은 '도둑놈 섬'이라고 불리었다. 실제로 지도에는 이 이름이 기재되어 있는데 당시 유럽인 항해자에게 있어 미크로네시아 현지인들의 도벽은 상식이 되어 있었던 것 같다. 아니면 문명에 길들여진 사람들과 자연 속에서 있는 그대로 생활해 온 원주민과는 소유권에 대한 인식에 차이가 있었다고 해야 할까.

그럼 어떻게 도둑놈 섬이 '괌'이 되었는가 하면, 유럽에서 우연히 자신들에 대한 평판을 들은 현지의 교회 장로가 우리들도 '가지고 있어야 할 것은 다 가지고 있다(차몰로어로 '구아 함')'라고 말한 것이 굳어졌기 때문이라고 한다.

괌 괌은 서태평양 마리아나 제도의 중심이 되는 최대의 섬이에요. 미국의 영토지요. 인구 15만 정도의 아주 작은 섬이지만 아름다운 휴양지로 세계인들의 많은 사랑을 받고 있는 곳이에요.
마젤란이 이곳을 발견하면서 스페인의 영토가 되었지만 1898년 미국이 스페인과의 전쟁에서 승리한 후 미국의 소유가 되었답니다. 현재 미국의 해군 · 공군기지가 이곳에 있어요.

지리 속으로 점프!

마젤란 마젤란은 스페인의 유명한 항해가로 인류 최초로 세계 일주 항해를 한 사람이다. 원래 포르투갈에서 태어났지만 포르투갈 왕의 불신을 받게 되어 스페인으로 가게 됐다.
마젤란은 1519년 선박 5척과 승무원 270명을 이끌고 세계 일주 항해를 시작했다. 이듬해 새로운 해양을 발견하고 이를 '파타고니아(마젤란) 해협', '태평양'이라 이름 지었다.
1521년 괌에 도착했고, 이어 필리핀 군도에 도착해 원주민들과 우호관계를 맺었다. 그러나 필리핀의 한 섬을 토벌하기 위해 나섰다 목숨을 잃었다. 필리핀, 마리아나 제도 등의 이름도 이 때에 지어진 것이다.

평화로운 휴양지 '괌'

대 항해가 마젤란

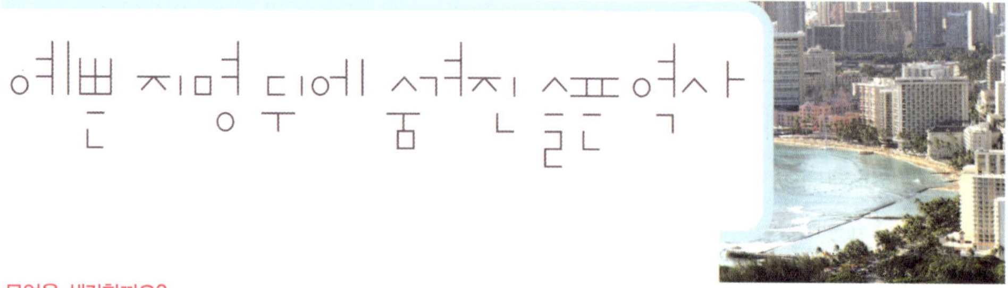

예쁜 지명 뒤에 숨겨진 슬픈 역사

진주, 다이아몬드, 지명에 이렇게 아름다운 보석 이름을 쓴 곳이 있어요. 그렇지만 이름과 다르게 슬픈 역사가 숨어 있어요. 어떤 슬픈 일이 일어난 걸까요?

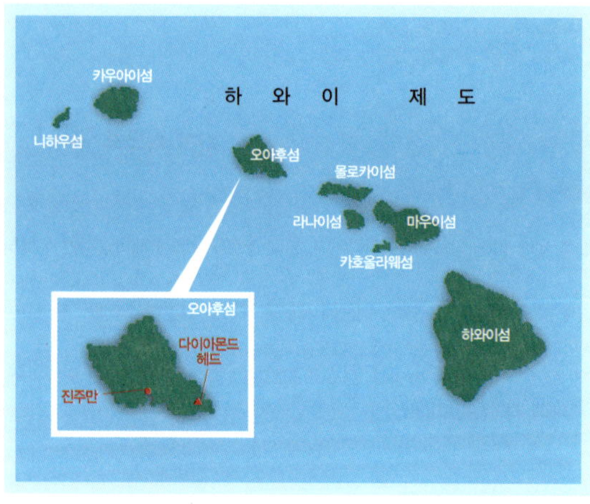

인파로 넘치는 하와이 해변 저 편에 솟아 있는 '**다이아몬드 헤드**'와 일본 해군의 기습 공격으로 역사의 전환점이 된 '**펄 하버**(진주만)'.

둘 다 대표적인 보석 이름으로 이 이름이 지어진 배경에는 하와이 발전의 '숨겨진 역사'가 담겨 있다.

19세기 말에 하와이를 방문한 영국인 선원이 이곳에서 반짝반짝 빛나는 돌을 발견했다. 그는 기쁨에 넘쳐 '다이아몬드다!'라고 큰 소리로 외쳤다. 이런 사실이 알려지면서 이 일대는 다이아몬드가 매장되어 있는 산으로 알려졌고 다이아몬드 헤드라는 이름을 얻게 되었다. 하지만 돌의 정체는 수정이었다.

다이아몬드 헤드의 현지 명칭은 '레어히', '가다랑어의 머리'라는 의미다. 하와이 현지에서는 여전히 이 이름으로 불리고 있다.

펄 하버는 '와이모미'가 원래의 이름. 진주 강이라는 의미로 여신 카이프파하

우가 지키고 있는 진주 조개를 캤다는 전설에서 생겼다.

현지명으로 불려도 좋았을 듯한데 영어 발음으로 바뀐 것은 하와이 통치를 계획하고 있던 미국의 끈질긴 주둔의 잔재다.

당시 하와이 왕조 카라카우아 왕이 설탕 산업의 발전을 위해 1875년 미국과 관세조약을 맺었을 때 미국은 이에 대한 교환 조건으로 배의 연료 보급지로 항구를 사용할 권리를 요구했다. 이에 따라 와이모미엔 미 해군의 저탄장이나 군함 수리소가 설치되었고 미군들이 주둔하면서 지명도 현지어에서 영어로 바뀌어 '펄 하버'가 되었다.

이윽고 펄 하버는 미군의 거점이 되었고 1941년 12월 7일 일본군의 기습공격을 받음으로써 태평양 전쟁의 개막이 장이 되었다.

지리 속으로 점프 !

펄하버 펄하버는 미국 하와이주 오아후섬에 있는 해군 근거지인 항구다. 미국 정부가 1900년에 하와이 군주와 통상 조약을 통해 펄하버의 해군기지 사용권을 인정받았다.

1941년 12월 7일 일본 비행기와 잠수함이 펄하버에 정박중이던 태평양 함대를 기습적으로 공격함으로써 미국이 제2차 세계대전에서 연합군에 가담하는 직접적인 동기가 되었다. 이로 인해 8척의 전함과 13척의 해군 선박이 침몰하고 188척의 비행기가 파괴되었으며, 수천 명이 죽거나 다쳤다.

지금은 국립사적지가 되었고, 애리조나호가 침몰했던 곳에 기념비가 세워졌다. 일본이 항복문서에 조인했던 미주리호도 기념물로 보존되어 있다.

다이아몬드 헤드

1941년 펄 하버에 정박 중이던 함대들이 일본군의 기습 공격을 받고 침몰하고 있다.

황해는 정말 노란색일까?

무엇을 생각할까요?
황해, 홍해, 백해, 흑해. 이렇게 색깔로 바다 이름은 지은 것은 진짜 바다 색깔이 그렇기 때문일까요?

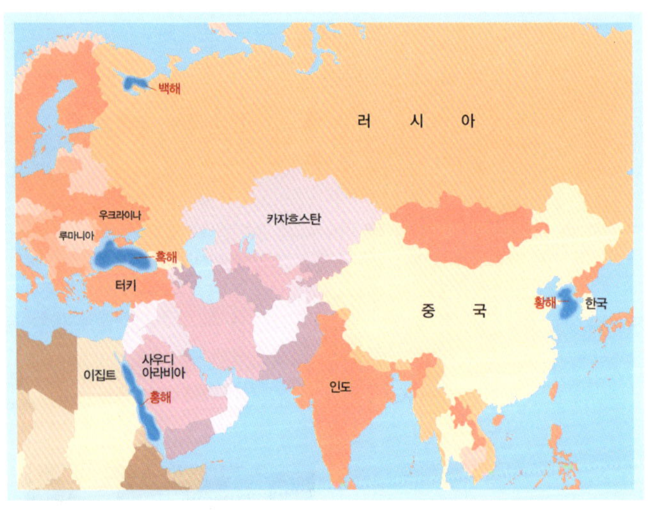

주로 초봄에 편서풍을 타고 중국에서 시작하는 황사는 모래의 색이 노랗기 때문에 황사, 즉 '노란 모래'라는 이름으로 불린다. 중국 대륙을 흐르는 황하도 이름처럼 노란색이다.

또 중국의 동부에 펼쳐진 '황해(黃海)'는 연안의 해수로 황하가 유입되어 역시 노란색으로 물들기 때문에 그 색이 그대로 이름이 된 것이다.

아프리카 대륙과 아라비아 반도 사이에 있는 내해 육지와 육지 사이에 낀 좁은 바다 인 '홍해(紅海)'는 바다 속에 있는 트리코데스뮴이라는 해조 때문에 바닷물이 붉은 색으로 보인다고 해서 붙여졌다.

러시아 연방의 서북부, 북극해의 일부인 바렌츠해의 남쪽에 크게 후미져 들어간 바다가 '**백해**(白海)'. 왜 이렇게 불리게 되었는지는 정확치 않지만 겨울이 되면 끝이 두껍게 얼음으로 뒤덮이는 데서 유래된 이름이 아닐까 추정된다.

보스포루스 해협, 마르마라해를 지나 지중해로 이어지는 '**흑해**(黑海)'는 영어로 'Black Sea'. 연안에 있는 러시아에서는 체르노에해, 루마니아에서는 네아그라해, 터키에서는 컬러해라고 부르는데 어느 나라의 말로나 '검다'는 의미이다.

그렇다면 이 바다의 물이 검은색일 것이라고 생각하기 쉽지만 '흑'이 가진 의미는 색이 아니라 '거칠다', '위험하다' 같은 상태를 나타낸다.

이 일대는 안개가 자주 발생하고 폭풍으로 파도가 거친 때가 많아 항해의 위험이 크기 때문에 '흑'이라는 색이 가진 불안감과 일치되어 그렇게 불려지게 되었다고 한다.

황해와 홍해 황해는 중국 동부 해안과 한반도 사이에 있는 바다예요. 황하강이 육지로부터 혼탁한 물질을 운반하기 때문에 항상 바닷물이 누렇게 흐려져 있어 황해라는 이름이 붙었어요. 홍해는 아프리카 대륙과 아라비아 반도 사이에 있는 좁고 긴 바다예요. 바닷속에 있는 해조 때문에 물빛이 붉은 빛을 띠는 일이 있어 '홍해'라고 불려요.

백해와 흑해 백해는 러시아 유럽권 북부, 바렌츠해로 열려 있는 바다예요. 러시아어로 '흰 바다'란 뜻이에요. 흑해는 유럽 남동부와 아시아 사이에 있는 내해(內海)예요.

| 황해 | 백해 | 흑해 |

헐베티아라는 나라를 아세요?

스위스는 공용어가 네 가지나 돼요. 이렇게 네 가지 언어를 사용하는 스위스에서는 우표나 화폐에 어느 언어로 나라 이름을 적을까요?

스위스는 영어로 'SWITZERLAND' 라고 표기되고 올림픽 등에서는 이 이름이 사용되지만 그렇다고 영어가 스위스 공용어는 아니다.

스위스에는 독일어를 말하는 국민이 반수를 넘지만 그 밖에 프랑스어, 이탈리아어, 게다가 아주 극소수이기는 하지만 토착 로망슈어로 말하는 사람들이 있다. 그리고 이 네 언어가 모두 공용어이다.

그래서 자국의 우표나 화폐 표기에 문제가 일어났다. 어느 말이든 하나로 통일하려 해도 결정하기가 쉽지 않았다. 나라에서 발행하는 우표나 지폐에는 국명을 반드시 넣어야 하는데 어느 언어를 사용하든 다른 언어를 사용하는 국민들에게 불만이 터져 나왔다.

프랑스어 지역에서는 '독일어는 감기에 걸린 말의 말소리' 라고 하고 독일어 지역에서는 '이탈리아어는 까마귀 우는 소리' 라고 하며 사용을 꺼려했다. 그래서 고육지책으로 나온 것이 '헬베티아(HELVETIA)' 라는 전혀 새로운 나라 이름이다.

216

　　헬베티아는 기원전 5세기에 이 지방에 살던 민족의 이름이라고 한다. 그런 시대까지 거슬러 올라갈 수밖에 없었던 정부의 고민이 느껴진다. 이런 이유로 스위스가 발행하는 우표나 화폐의 국명 표시에는 이 '헬베티아'가 쓰이고 있다.

스위스 스위스는 유럽 중앙부에 있는 나라로 수도는 베른이에요. 독일어, 프랑스어, 이탈리아어, 로망슈어를 공용어로 쓰고 있어요. 인구 700만의 국가예요.

스위스의 전통 의상을 입은 사람들　　　　스위스 제1의 도시 취리히　　　　'헬베티아'라고 쓰여 있는 스위스 우표

진화론의 진짜 주인공은?

다윈이 '진화론'을 확립한 것은 1859년으로, 진화론에 대한 착상을 얻은 갈라파고스 탐사로부터는 20년 이상 지난 후였다. 그는 진화에 관한 자기의 학설을 다듬어서 꼼꼼하게 논문을 쓸 생각이었지만 그에게 온 한 편의 논문이 예정을 변경시켰다.

논문을 보낸 사람은 말레이 제도에 있던 청년 박물학자, 후에 월리스선으로 이름을 남긴 알프레드 러셀 월리스였다. 그의 설은 다윈과 거의 일치하는 내용이었다.

다윈은 월리스에게 '당신의 학설에 동의하지만, 내가 더 앞서 있다.'고 답장을 썼다. 그리고 나서 다윈이 학회에서 '자연도태설'을 발표한 것은 2주일 후였다. '종의 기원'의 발간이 이듬해에 이루어진 것도 월리스에게 선두를 빼앗기지 않으려고 서둘러 출판한 것이라 해도 할말은 없는 일이다. 결국, 월리스의 이름은 역사 속으로 사라지고, 진화론은 '다위니즘'이라고 불리며 역사에 이름을 남기게 되었다.

찰스 다윈 찰스 다윈은 영국의 생물학자로 진화론 확립에 많은 공을 세웠어요. 1831년 22세 때 해군측량선 비글호에 박물학자로 승선하여 남아메리카·남태평양의 여러 섬을 탐사하면서 진화론을 주장하는 데 필요한 기초 자료를 모았어요. 특히 갈라파고스 제도에서의 관찰이 그의 연구에 많은 도움을 주었어요. 진화론에 대한 자료를 근거로 논문을 집필하던 중 1858년에 동남 아시아에서 연구 중이던 A.R.월리스가 다윈과 같은 견해의 논문을 보내오자 이에 놀라 서둘러 논문을 정리해 2주 후에 발표했어요. 그리고 이듬해에 《종(種)의 기원》이라는 책을 세상에 내놓았어요.

월리스

메카에 침입한 이탈리아 탐험가

이슬람교도에 의해 지배되었던 16세기 초, 이슬람 성지 메카는 기독교도들에겐 갈 수 없는 곳이었다. 그런데 1503년 과감하게 이곳을 침입한 한 유럽인이 있었다. 그 유럽인은 이탈리아인 모험가 루드비코 디 바르테마였다. 그는 볼로냐 태생으로 아라비아 반도에서 아시아로 모험을 계속했는데 그 내용을 알 수 있는 단서는 그의 저서 《루드비코 디 바르테마의 기행》 한 권뿐이다.

그 책의 하이라이트가 바로 메카로의 침입. 카이로, 베이루트, 다마스카스를 방랑하면서 아라비아어를 익힌 그는 오스만투르크의 병사로 분장하고 순례자들의 호위 역할을 하면서 메카에 20일간 머물렀다.

그 후 정체가 발각되어 기독교도의 스파이가 아닐까 의심을 받았을 때, 그는 술탄의 아내를 부추겨서 탈출했다. 그리고 남아시아로 건너갔다가 귀국한 후 1510년에 그 이야기를 출판, 메카의 도시 모습을 전하여 인기를 얻었다.

이슬람 성지 메카

함께 생각해 볼 문제

재미있게 읽으셨나요?
교과 관련 지식은 무조건 많이 읽기보다는 무엇을 느끼고 깨달아야 하는지,
어떻게 지리 과목과 연계해야 하는지,
생각하며 읽는 습관을 들이는 것이 중요합니다.
또 생각한 내용을 글로 쓰고 정리하는 훈련은 앞으로 자주 출제될
서술형·논술형 문제를 푸는 데 도움이 될 거예요.
자, 그렇다면 다음 문제들을 풀어보세요. 준비되셨나요?

함께 생각해 볼 문제

question one

아시아 건조 지대에서 불어오는 황사는 사람들에게 어떤 영향을 미치는지 생각해보자.

관련내용 20~21쪽 : 유럽에 내리는 컬러비 **검색 키워드** 황사, 모래폭풍, 사막화

question two

이산화탄소 등의 온실기체로 지구 평균 기온이 올라가는 지구온난화 현상이 계속되면 지구에 어떠한 문제가 생기며 지구온난화를 방지하기 위한 대책으로는 어떤 것이 있을지 생각해보자.

관련내용 28~29쪽 : 다시 재연되는 노아의 방주 **검색 키워드** 지구온난화, 도쿄 의정서, 온실효과

question three

안개의 도시로 대표되는 런던. 짙은 안개의 원인은 바로 스모그였다고 한다. 이 스모그로 인해 많은 사람들이 죽기도 했다는데 스모그가 생겨나는 원인은 무엇인지 생각해보자.

관련내용 34~35쪽 : 안개의 도시, 런던의 비밀 **검색 키워드** 스모그, 대기오염, 산업발전

q u e s t i o n   o n e

세계를 나눌 때, 우리는 주로 대륙으로 분류한다. 그러나 박물학자 알프레드 월리스는 생물의 분포를 경계로 월리스선이라는 분류 형식을 만들었다. 월리스는 생물의 분포를 이용해 어떠한 식으로 세계를 나누었는지 생각해보자.

관련내용 52~53쪽 : 세계를 나누는 색다른 분류법   **검색 키워드** 환경선, 동물분포, 경계

q u e s t i o n   t w o

자연 환경이 변하는 것은 단지 자연 현상 때문만은 아니다. 지형이 변하는 것도 사람들의 생활 환경과 밀접한 관련이 있다. 세계 4위의 호수였던 아랄해가 사라지는 이유도 관개공사 때문이다. 인간 생활이 지형을 바꾸는 것으로는 또 어떤 것들이 있는지 생각해보자.

관련내용 56~57쪽 : 아랄해가 사라지고 있는 이유는 뭘까?   **검색 키워드** 사해, 염호, 농지개간

q u e s t i o n   t h r e e

아프리카가 둘로 나뉘고 있다. 대륙을 변화시키는 요인에는 어떠한 것들이 있는지 생각해보자.

관련내용 68~69쪽 : 둘로 나뉘고 있는 아프리카   **검색 키워드** 판구조론, 지구대, 지각변동

함께 생각해 볼 문제

q u e s t i o n o n e

냉전시대, 미국과 미국에 반하는 공산주의 국가와의 관계는 어떠했는가? 쿠바의 무역 봉쇄를 통해 생각해보자.

관련내용 78~79쪽 : 미국에 발목 잡힌 쿠바 개혁　**검색 키워드** 쿠바, 금수조치, 쿠바혁명, 카스트로

q u e s t i o n t w o

제1차 세계대전에서 하나의 원인이 된 서양 여러 강대국들의 식민지 건설. 초기의 식민지 개념과 이후 식민지 개념에는 어떠한 변화가 생겼는지 생각해보자.

관련내용 80~81쪽 : 유럽에 남은 최후의 식민지　**검색 키워드** 식민지, 신탁통치, 위임통치

q u e s t i o n t h r e e

예루살렘이 세 종교의 성지가 된 이유는 무엇이며, 이로 인해 생겨난 문제점들에는 어떤 것이 있었는지 생각해보자.

관련내용 90~91쪽 : 다양한 종교의 성지, 예루살렘　**검색 키워드** 유대교, 그리스도교, 이슬람교, 팔레스타인

지도로 배우는 지리

q u e s t i o n   o n e

현재까지 발견된 지도 중에 최초의 것으로 알려진 지도는 무엇일까? 또 처음 지도가 만들어진 이유는 무엇일지 생각해보자.

관련내용 106~107쪽 : 세계 최초의 지도는 누가 그렸을까?   **검색 키워드** 점토판 지도, 해도, 채집생활

q u e s t i o n   t w o

일반적으로 국경은 자연 환경에 따라 나뉜다. 그래서 모양도 제각각이다. 그러나 아프리카나 북아메리카 지도를 보면, 직선으로 된 국경이 많다. 직선으로 그어진 국경에는 어떠한 사연이 있는지 생각해보자.

관련내용 112~113쪽 : 아프리카에는 왜 직선으로 된 국경이 많을까?   **검색 키워드** 식민지, 분할협정

함께 생각해 볼 문제

q u e s t i o n o n e

다윈은 진화론을 통해 생물이 진화한다고 했다. 다윈의 진화론을 뒷받침할 만한 예로는 어떠한 것이 있는지 생각해보자.

관련내용 132~133쪽 : 다윈에게 진화론을 알려준 섬   **검색 키워드** 종의 기원, 자연선택설, 갈라파고스섬

q u e s t i o n t w o

무한한 가능성을 갖고 있는 우주. 세계는 이 우주에 대한 소유권을 분명히 하기 위해 우주조약까지 맺어놓고 있다. 신비한 우주를 통해 우리가 얻을 수 있는 것으로는 어떠한 것들이 있을지 생각해보자.

관련내용 152~153쪽 : 우주는 누구의 소유일까?   **검색 키워드** 유엔, 영유권, 우주탐사

q u e s t i o n t h r e e

러시아가 미국에 헐값에 넘긴 알래스카에는 많은 자원이 숨어 있었다. 그 중에서도 중요한 자원이 유전이다. 이러한 유전이 발달해 있는 지역으로는 또 어디가 있는지 생각해보자.

관련내용 154~155쪽 : 러시아가 미국에 판 보배, 알래스카   **검색 키워드** 석유, 천연가스

함께 생각해 볼 문제

question one

원시 시대에는 물물교환으로 경제생활이 이루어졌다. 물물교환의 불편함을 해소하기 위해 만들어진 유통수단 '화폐'. 이 화폐는 어떠한 모양으로 변화해왔는지 생각해보자.

관련내용 164~165쪽 : 아직 '돌로 된 돈'을 사용하는 나라 　**검색 키워드** 유통수단, 석화, 금속화폐

question two

사람들이 살고 있는 가옥의 형태는 여러 가지가 있다. 이 가옥의 형태는 자연 환경과 많은 연관이 있는데, 티티카카호 우로스족의 '풀로 된 집'도 그러한 경우이다. 이처럼 환경의 영향을 받은 가옥에는 또 어떠한 것들이 있는지 생각해보자.

관련내용 174~175쪽 : 호수에 떠 있는 풀로 만든 마을 　**검색 키워드** 수상가옥, 건축재료, 목조가옥, 이글루

question three

문을 굳게 닫아 걸고, 자급자족하면서 사는 것을 쇄국이라 한다. 부탄이라는 나라는 얼마 전까지만 해도 이러한 쇄국정책을 폈다. 그러나 현대에 와서는 이러한 쇄국정책이 불가능한 이유를 생각해보자.

관련내용 182~183쪽 : 요즘에도 문을 닫아 건 나라가 있을까? 　**검색 키워드** 외교정책, 자급자족, 교환무역

q u e s t i o n   o n e

각 나라의 나라 이름이나, 도시 이름을 짓는 방법은 다양하다. 그 나라의 자연 환경, 혹은 살고 있는 동물들의 이름을 따서 이름을 짓는 경우도 있다. 나라 이름을 짓는 방법들과 그 예는 어떠한 것이 있을지 생각해보자.

관련내용 194~195쪽 : 호랑이를 사자로 착각한 이름, 싱가포르   **검색 키워드** 싱가포르, 그린란드, 괌섬

q u e s t i o n   t w o

우리가 '영국'이라 부르는 나라는 구체적으로 어디를 말하는 것일까? 영국연방과 영국연합왕국, 잉글랜드 이들의 차이는 무엇인지 생각해보자.

관련내용 196~197쪽 : 영국이라는 나라는 없다   **검색 키워드** 그레이트브리튼, 웨일스, 스코틀랜드

q u e s t i o n   t h r e e

미얀마처럼 지명이 바뀌거나 스위스처럼 대외적으로 쓰는 국명과 국내에서 쓰는 국명이 다른 경우가 있다. 이처럼 지명이 바뀌거나 지명이 둘 이상인 나라에는 어떠한 사정이 숨어 있을지 생각해보자.

관련내용 202~203쪽 : 버마는 왜 '미얀마'로 바뀌었나   **검색 키워드** 언어분쟁, 표기법

지은이 : 세계박학클럽
세계의 역사적인 사건에서 세계 각지의 여러 가지 문화 · 정보까지 폭넓게 조사 · 연구하여 발표하는 것을 목적으로 하는 단체이다.

옮긴이 : 윤명현
현재 대학원에서 박사 과정을 밟고 있으며 선문대학교 강사와 전문 번역 프리랜서로 활발한 활동을 하고 있다. 역서로 "남녀 차이, 모르거나 혹은 오해이거나", "과학자의 진실, 그리고 뒷모습", "나쁜 여자" 등이 있다.

선생님도 모르는 지리 이야기

개정증보판 1쇄 발행 2005년 7월 15일
개정증보판 7쇄 발행 2015년 7월 1일

지은이 세계박학클럽 | **옮긴이** 윤명현 | **펴낸이** 김종길

편집부 임현주 · 이은지 · 이경숙 · 홍다휘 · 안아람 · 윤선주 | **디자인부** 정현주 · 박경은
마케팅부 박용철 · 임형준 | **관리부** 이현아 | **홍보부** 윤수연

펴낸곳 글담출판사 | **출판등록** 제7-186호
주소 (121-840) 서울시 마포구 양화로 12길 8-6(서교동) 대륭빌딩 4층
전화 (02)998-7030 | **팩스** (02)998-7924
홈페이지 http://www.geuldam.com
이메일 bookmaster@geuldam.com

ISBN 89-86019-80-9 03900
잘못 만들어진 책은 바꾸어 드립니다. 책값은 표지에 있습니다.

글담출판사는 독자 여러분의 의견에 항상 귀 기울이고 있습니다.
책에 관한 아이디어와 원고 투고를 언제나 기다리고 있습니다. 머뭇거리지 말고 문을 두드리세요.

완벽하게 개념잡는 소문난 교과서 – 물리
손영운 지음 | 원혜진 그림 | 240쪽 | 11,000원

"하늘을 나는 라퓨타가 실제로 가능한가요?"
롤러코스터와 바이킹을 타며 역학적 에너지에 대해 공부한다고?
물리를 이해하는 데 가장 중요한 개념만을 선정하여,
생활 속 친숙한 예를 통해 설명한다.

●●● 중 · 고등학교 신학기 권장도서

완벽하게 개념잡는 소문난 교과서 – 지구과학
손영운 지음 | 원혜진 그림 | 240쪽 | 11,000원

"백두산의 키가 자라고 있다는 게 사실인가요?"
우리가 살고 있는 지구라는 별에 대해 알자!
지구과학의 개념과 원리를 우리 주변에서
관찰하고 경험할 수 있는 자연 현상을 통해 공부한다.

●●● 중 · 고등학교 신학기 권장도서

완벽하게 개념잡는 소문난 교과서 – 생물
손영운 지음 | 원혜진 그림 | 288쪽 | 11,000원

"복제양 돌리는 어떻게 탄생했을까요?"
인류의 가장 큰 관심인 질병과 노화, 환경오염, 식량 문제를
해결하러 우리 몸속과 다양한 생물체의 세상으로 탐험을 떠나자!

●●● 중 · 고등학교 신학기 권장도서

완벽하게 개념잡는 소문난 교과서 – 화학
손영운 지음 | 원혜진 그림 | 220쪽 | 11,000원

"불꽃놀이의 아름다운 색은 어떻게 만든 건가요?"
제발 원소기호를 외우지 말길! 우리가 아침에 일어나 화장실에 세수하러
들어서는 순간부터 화학과 관련되어 있다는 사실만 알고 있으면
화학 공부에 저절로 재미가 붙는다!

●●● 중 · 고등학교 신학기 권장도서

교과서를 만든 과학자들

손영운 지음 | 원혜진 일러스트 | 296쪽 | 13,500원

재미있는 이야기로 만나는 교과서 속 과학자

중 · 고등학교 과학 교과서에 나오는 중요한 과학자 30명을 선정해
그들의 이야기를 들려주고, 그들이 완성해 낸 원리와 법칙들이
교과서 어디에 등장하고 있는지를 자세히 소개한다.

●●● 한우리독서운동본부 청소년 추천 도서, 중국 저작권 수출

교과서를 만든 수학자들

김화영 지음 | 최남진 일러스트 | 220쪽 | 11,800원

뉴턴이 '미적분' 을 가르쳐 준다고?

이 책은 다른 수학 책들처럼 무조건 수학 공식을 들이대며,
수학 공부를 강요하지 않는다. 그저 수학자들의 삶을 따라가 보면
그곳에 우리가 궁금하게 생각했던 수학 공식들이 숨어 있다.

●●● 과학문화재단 우수 과학 도서, 아침독서운동본부 청소년 추천 도서,
간행물윤리위원회 청소년 추천 도서, 중국 저작권 수출

교과서를 만든 시인들

송국현 지음 | 박영미 일러스트 | 340쪽 | 13,500원

교과서 속 시인 20명의 삶을 통해 배우는 80편의 시

중 · 고등학교 국어 과정에서 가장 중요한 시인 20명의 80여 편의
시 작품을 뽑아 시인이 살아온 현실을 통해 시를 이야기한다.
교과서를 중심으로 다루어 중 · 고등학생들에게 유용한 자료가 된다.

●●● 중 · 고등학교 신학기 권장도서

교과서를 만든 소설가들

문재용 · 최성수 지음 | 김형준 일러스트 | 280쪽 | 11,800원

소설가를 알면 교과서 속 소설이 쉬워진다!

중 · 고등학교 국어 교과서와 문학 교과서 18종을 분석해,
가장 출제 빈도가 높은 소설가 18인의 삶을 살펴보았다.
소설가의 삶을 따라가다 보면, 외우지 않아도 자연스럽게 소설을 이해할 수 있다.

●●● 중 · 고등학교 신학기 권장도서

교과서를 만든 철학자들
이수석 지음 | 최남진 일러스트 | 252쪽 | 11,800원

철학자 25명의 삶을 통해 배우는 재미있는 철학
논술 시험에 가장 많이 등장하는 철학자 25명의 삶과 그들의 사상을
재미있게 들려준다. 철학자들의 삶과 역사적 배경을 통해 그들의 사상이
어떻게 나오게 되었는지를 자연스럽게 이해할 수 있다.

●●● 중 · 고등학교 신학기 권장도서

교과서를 만든 지리 속 인물들
서정훈지음 | 최남진 일러스트 | 224쪽 | 11,800원

청소년 눈높이에 맞춰 현직 지리 선생님이 쓴 '지리교양서'
흥미 위주의 탐험가, 지리학자 이야기에 그치지 않고, 청소년이 꼭 알아야 할
교과서 속 지리 지식도 함께 읽을 수 있어,
인물사와 교과 지식을 통합적으로 살펴볼 수 있다.

●●● 중 · 고등학교 신학기 권장도서

청소년을 위한 열린 세계 현대사
기-파트리크 아제마르 · 세르주 코르델리에 지음 | 권수연 옮김 | 18,000원

줄쳐가며 공부해 볼 지구촌 이야기
세계 연감을 발행하는 출판사만이 보유할 수 있는
현대사에 관련된 방대하고 희귀한 자료!
수많은 전문가들의 분석과 견해! 이 모든 것이 담긴 청소년 눈높이의 세계 현대사

●●● 대한출판협회 올해의 청소년 도서, 아침독서운동본부 청소년 추천 도서

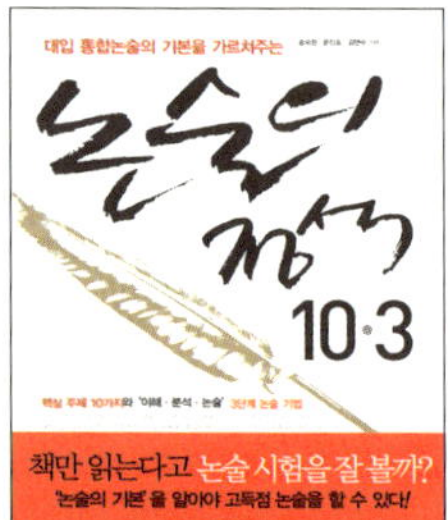

논술의 정석 10 · 3
손국현 · 윤진호 · 김면수 지음 | 300쪽 | 12,800원

책만 많이 읽는다고 논술 시험을 잘 볼까?
이해 ➜ 분석 ➜ 논술 3단계로 논술의 기본기를 잡는다!
주요 대학 논술에서 자주 출제된 10가지 핵심 주제를 통한 다양한 텍스트 읽기
현직 선생님들이 알려주는 2008년도 핵심 논술 문제

●●● 중 · 고등학교 신학기 권장도서